# AI 대전환 시대

# Who am I

# AI 대전환 시대, Who am I 인간의 정체성과 변화 적응

**초 판** 1쇄 발행 | 2025년 2월 5일
**지은이** 김기진 조원규 김아영 이소민 박지연 부정필
서형석 양승현 유병선 이재실 최규철 한정민
**펴낸이** 김기진
**펴낸곳** 에릭스토리
**편집주간** 오순영
**디자인** 가보경 이소윤
**출판등록** 2023. 5. 9(제 2023-000026 호)
**주 소** 서울특별시 금천구 가산디지털1로 171, 318호
**전 화** (02)6673-1238
**팩 스** (02)6674-1238
**이메일** ericstory1238@naver.com(원고 투고)
**홈페이지** www.ericstory.net

ISBN 979-11-983453-8-7 (13320)

AI 대전환 시대

# Who am I

## 인간의 정체성과 변화 적응

ERiC Story

# 추천사

"마음은 마음으로만 닿을 수 있다."

기계와 데이터가 주도하는 시대, 우리는 점점 더 논리적이고 효율적인 사고를 요구받는다. 하지만 인간의 정체성은 단순한 이성적 사고만으로 완성되지 않는다. 감성과 공감이 더해질 때, 우리는 성장할 수 있고, 변화 속에서도 중심을 잃지 않을 수 있다.

오늘날 우리는 AI와 공존하며 살아가고 있다. 그러나 AI는 스스로 존재의 의미를 고민하지 않는다. 기술이 아무리 발전해도, 인간만이 '나는 누구인가?'라는 질문을 던지고, 자신의 가치를 탐구하며, 변화 속에서 방향을 찾는다. 변화는 피할 수 없는 현실이지만, 변화를 주도하는 것은 스스로의 정체성을 깊이 이해하고 받아들이는 데서 시작된다.

리더십이란 단순히 조직을 운영하는 기술이 아니다. 그것은 변화 속에서도 흔들리지 않는 자기 이해를 바탕으로, 사람들과 공감하며 함께 나아가는 과정이다. AI 시대에 가장 강력한 무기는 차가운 논리가 아니라 따뜻한 마음이며, 인간의 본질을 이해하는 공감력이다.

**신광철 작가**(한국학 연구소장/ 소설 환단고기 저자)


AI 대전환 시대의 성공 비결은 AI를 통한 인간다움의 확장이다. 이를 위해서는 인간다움의 현재와 미래에 대한 깊은 통찰이 필요하다. "나는 누구이고 무엇을 원하는가?"는 성공적 AI 대전환의 출발점이다. AI 시대에 성공을 원하는 개인이나 기업이라면 누구나 필독서로 추천한다.

**주영섭**(서울대 특임교수/ 전 중소기업청장)

AI의 발전 속도가 아무리 빠르더라도, 결국 그 중심에는 '사람'이 있다. 기술이 우리의 삶과 일터를 변화시키고 있지만, 인간만이 가진 감성, 창의성, 그리고 공감의 가치는 여전히 가장 중요한 요소로 남아 있다. 이 책은 AI 시대를 살아가는 조직과 개인이 어떻게 인간다움을 잃지 않으면서도 지속적으로 성장할 수 있을지에 대한 깊이 있는 통찰을 제공한다. 미래를 준비하는 이들에게 유용한 길잡이가 될 것이다.

**천영훈**(풀무원푸드머스 대표)

AI는 오늘날 개인과 조직의 운영 방식을 근본적으로 변화시키고 있다. 이 책은 AI 시대에 직장인과 리더들이 변화에 적응하며 성과를 높이는 동시에 인간성과 정체성을 유지할 수 있는 통찰과 전략을 제시한다. AI가 요구하는 새로운 역량과 기회를 준비하는 모든 직장인과 리더들에게 강력히 추천한다.

**조익성**(동아오츠카 부회장)

이 책은 AI 시대의 흐름 속에서 인간 고유의 역할을 고민하는 사람들에게 'AI'는 나와 우리의 존재를 위협하는 경쟁자가 아니라, 발전과 성장의 촉매제임을 인식하게 하고, 더 나은 미래의 동반자임을 깨닫게 해줄 것이다.

**서종백**(풀무원아이엔 대표)

# 추천사

AI 시대에 성공적으로 적응하고 변화를 성과로 연결하려면, 가장 먼저 '자신을 아는 것'이 필요하다. 본질적인 가치와 정체성을 명확히 이해할 때, AI는 단순한 도구가 아닌 우리의 사고와 행동을 확장하는 강력한 동반자가 될 수 있다. 이 책은 AI를 통해 깊이 있는 통찰을 얻고, AI와 협력하며 지속적인 변화와 성장을 이루고자 하는 리더들에게 반드시 필요한 필독서다.

**이근갑**(전, 교촌에프앤비 국내부문 대표/사장)

생성형 AI 시대는 지역사회와 공공행정에 혁신적인 변화를 요구하고 있다. 전북특별자치도는 AI를 활용해 지역 산업과 주민 서비스를 발전시키고자 노력 중이다. 이 책은 변화 속에서 정체성을 확립하고 AI와 공존하며 새로운 가치를 창출하는 길을 제시한다. 사람 중심의 정책과 지역 발전을 고민하는 모든 공공 리더와 구성원들에게 이 책을 추천한다.

**김관영**(전북특별자치도 도지사)

AI가 모든 것을 바꾸고 있는 지금, 조직의 리더와 혁신가들에게는 단순한 생존을 넘어 진정한 변화를 이끌어야 할 책무가 주어졌다. "Who am I"는 기술의 홍수 속에서도 흔들리지 않는 인간다움과 강점을 발견하고, 새로운 가능성을 열어갈 강력한 도구를 제공한다. 조직의 미래를 설계하며 개인과 팀의 성과를 극대화하고자 하는 리더들에게 큰 인사이트를 줄 이 책은 변화의 시대를 주도할 당신의 첫걸음이 될 것이다.

**나정아**(프로메가 한국지사 대표)

AI 시대가 열어가는 새로운 세상 속에서 교육의 역할은 더욱 중요해지고 있다. 이 책은 인간의 본질과 가치를 중심에 두고, 변화의 소용돌이 속에서도 흔들리지 않는 정체성을 확립하는 방법을 제시한다. 미래를 열어갈 우리 학생들과 교사들이 AI를 활용하여 창의성과 인간다움을 확장해 나갈 수 있는 소중한 지침서가 될 것이다. 교육 현장에서 반드시 읽혀야 할 필독서로 추천한다.

**박병춘**(전주교육대학교 총장)


AI의 발전은 현 시대의 사람들에게 큰 열광을 불러일으켰다. 그리고 AI 개발 기업의 마케팅도 점점 과격해지고 있으며, 빅데이터를 활용한 통계적 분석 등 AI의 영향력은 더욱 커지고 있다.

개인의 경험과 ChatGPT 등 AI 기술과 정보를 바탕으로 올바른 방향으로 나아가려는 현대인들에게, 이번에 출간된 "Who am I" 책이 AI와 협력하여 더 높은 수준의 통찰력을 제공하고, 데이터를 기반으로 한 새로운 전략 수립과 성장의 계기가 되기를 바란다.

**김연숙**(I&Y 대표, 엘리체 대표)

# 들어가며

생성형 AI 시대에 접어들면서 산업 전반은 커다란 변화를 겪고 있다. 인공지능은 데이터를 분석하고 문제를 해결하며 복잡한 의사결정을 지원하는 혁신적인 도구로 활용되고 있다. 이제 우리는 AI와 함께 일하고, 배우며, 성장하는 환경에 놓여 있다. 하지만 이러한 변화 속에서도 여전히 중요한 질문이 있다. 그것은 바로 **"나는 누구인가?"**라는 궁극적인 물음이다.

이 질문은 단순한 철학적 호기심을 넘어, 급변하는 시대 속에서 우리의 정체성을 확인하고 새로운 환경에 적응하며 성과를 창출할 방법을 탐구하기 위한 핵심적인 관점이다. AI는 놀라운 가능성을 제공하지만, 인간의 본질과 가치를 대신 정의할 수는 없다. 오히려 기술이 발전할수록 우리는 인간다움을 더욱 깊이 고민하고 이를 통해 적응력과 민첩성, 그리고 성과를 극대화하는 역량을 키워야 한다.

이 책 **"AI 대전환 시대, Who am I"**는 AI와 공존하며 살아가는 우리가 반드시 던져야 할 질문과 그 답을 찾아가는 여정을 담고 있다. 각 저자는 AI 시대에 필요한 적응력과 민첩성을 키우는 방법을 제안하며, 변화와 혁신을 통해 개인과 조직이 성과를 증폭시키는 구체적인 방안을 탐구한다. AI의 한계를 넘어, 인간의 창의성과 공감, 그리고 고유의 가치를 재발견하는 길을 모색한다.

AI는 단순히 업무를 효율적으로 만드는 도구가 아니라, 우리의 사고와 행동을 확장할 수 있는 동반자이다. AI와 협력하는 과정은 우리 자신과 세상을 새롭게 이해하고 변화시킬 기회를 제공한다. 따라서 AI를 두려워하거나 회피하기보다는 이를 활용해 인간다움과 성과를 증폭시키는 역량을 강화해야 한다.

AI 시대에 우리의 정체성을 정의하는 것은 자동화된 기술이 아니라, 우리가 스스로 던지는 질문과 그 질문에 대한 답을 찾아가는 과정이다. 이 책은 "나는 누구인가?"라는 질문을 중심에 두고, 급변하는 환경 속에서도 인간다움을 유지하며 성과를 극대화할 수 있는 방향을 제시한다.

AI 시대의 적응력은 개인과 조직이 변화에 민첩하게 대응하는 능력에 달려 있다. 이 책은 그 능력을 키우기 위한 나침반 역할을 하며, 독자들이 AI를 인간다움을 확장하는 도구로 삼아 더욱 창의적이고 가치 있는 삶을 설계할 수 있도록 돕는다. "AI 대전환 시대, Who am I"는 독자들에게 변화 속에서도 흔들리지 않는 정체성과 성과 창출 역량을 갖추는 데 실질적인 길잡이가 될 것이다.

- ERiC Story

# 저자 소개

## 김기진   KHR Group, 한국HR포럼 대표

아주대학교 겸임교수, 한국HR협회와 KHR GPT 연구소 대표, 피플스그룹 조합법인 이사장, ERiC Story 출판 대표. 17년간 제187회 KHR포럼 개최(회원 3,900명)와 'KHR FTP 인사&인재개발 실태 조사 보고서'를 6년째 발간하고 있다. 현재 육군 인사사령부 스마트 인재시스템 구축 자문위원, 국방 정책자문위원(HR분야)으로 활동 중이다. 저서: 《아하 나도 줌(Zoom) 마스터》, 공저: 《코칭 레볼루션: AI시대, 코치형 리더의 탄생》, 《팀장 레볼루션: 이전의, 팀장이 사라진다》, 《채용 레볼루션: AI 채용의 힘》, 《ESG 레볼루션: 지속 가능의 힘》, 《HR 레볼루션: 생성형 AI, HR 생태계 어떻게 구축할 것인가》, 《ChatGPTHR: 생성형 AI, HR에 어떻게 적용할 것인가》, 《왜 지금 한국인가: 한류경영과 K-리더십》, 《하루하루 시작(詩作)》, 《내 인생의 선택》, 《코로나 이후의 삶 그리고 행복》, 《책쓰기, AI묻고 인간이 답하다》 기고: 《HR Insight》, 《한경 닷컴》, 《글로벌이코노믹》, 《창업&프랜차이즈》 등이 있다.

## 조원규   dA Group PCM Part 부사장

건설사업관리 전문가로, 한미글로벌과 dA Group에서 근무하며 한양대학교 대학원에서 HR을 전공했다. 조직문화 전문가이자 한국HR협회 부회장으로 활동 중이며, 옵티미스트 이사로도 활동하고 있다. 저서로는 《조직문화가 전략을 살린다》가 있으며, 공저로 《ChatGPTHR: 생성형 AI, HR에 어떻게 적용할 것인가》, 《하루하루 시작詩作》 등이 있다.

## 김아영   풀무원아이엔 사업지원팀장

HR부서 교육담당을 거쳐 현재는 사업지원팀장으로 풀무원에서 18년간 근무중이다. 한양대학교 상담심리대학원(조직심리 및 인재개발 전공)을 졸업하고 인재개발과 조직문화에 관심이 많다. 신임 팀장으로서 변화의 중심에서 경험을 통해 얻은 지혜를 바탕으로, 혼자보다는 함께할 때 더 큰 성과를 이룬다는 믿음으로 팀과 조직의 발전을 위해 노력하고 있다.

## 이소민   인솔루션랩INSOLUTION LAB. 소장

성균관대 경영대학원 경영학 석사 졸업, 동 대학원 박사과정을 수료했다. 마케팅·경영 컨설팅을 거쳐 현재는 HRD·OD 분야 컨설팅펌, '인솔루션랩INSOLUTION LAB.'의 소장이다. 한국리더십센터 그룹사에 근무했으며 현재 버크만·해리슨어세스먼트 등 공인 디브리퍼의 역량을 바탕으로 기업·관공서 리더들의 변화와 성장을 돕는 촉매제로서 20년 이상 문제해결·리더십 분야 전문가로 활발히 소통하고 있다. 한국코치협회 공인 코치, 경기콘텐츠진흥원 위촉 창업 컨설팅 분야 플래너, 노사발전재단 위촉 전문위원, 한국인성교육협회 위촉 전문위원, 공인 시간관리 컨설턴트 등으로도 활동 중이다. 고객사와의 동행을 무엇보다 기꺼워하는 퍼실리테이터 겸 비즈니스 코치로, 건강하고 행복한 직장인·팀·조직의 지속 가능한 동반성장의 해답을 찾기 위해 꾸준히 연구하고 있다. 공저: 《코칭 레볼루션: AI시대, 코치형 리더의 탄생》, 《리더십 트랜스포메이션》, 《나를 바꾼 프랭클린 플래너》가 있다.

## 박지연　JW홀딩스 People&Culture 팀장

현재 해방둥이 기업인 JW중외제약의 지주회사에서 근무하고 있다. DL그룹에서 직장생활을 시작했고, 인사, 조직, 경영, 혁신, 문화 등 변화관리가 필요한 영역에서 커리어를 쌓아 왔다. 최근에는 HR 업무의 경계를 허물고 AI 기반 일하는 방식 변화를 위한 다양한 시도들을 하고 있다. 연세대학교에서 심리학을, 동 대학 경영전문대학원에서 매니지먼트를 전공했다. 공저: 《팀장 레볼루션: 이전의, 팀장이 사라진다》가 있다.

## 부정필　전주페이퍼 인사총무팀 팀장

현, 전주페이퍼(구, 한솔제지) 인사총무팀장. 충무공의 얼이 서린 전남 진도 명량해협 앞바다를 놀이터 삼아 호연지기를 키우며 자란 점과 세 아이의 아버지임을 자랑스럽게 여기는 Patriot. 지식과 정보의 전달 매체인 종이를 생산하는 회사에 근무하는 것에 자부심이 강한 30년 차 Salary-man. 인사/교육과 영업의 경험을 바탕으로 내외부 고객 목소리에 귀 기울일 줄 아는 따뜻한 카리스마의 Communicator. AI와 함께 놀며 이를 활용해 개인과 조직의 성장에 도움을 주고 싶어하는 체인지 에이전트 Dreamer. 아재 개그를 즐기며 가끔 번뜩이는 언어유희로 주변을 웃게 하는 Word Magician. X세대부터 MZ세대까지 모두를 아우르고 싶어 하는 꼰대인 듯 꼰대 아닌 꼰대 같은 Senior. 예술/사회/정치/평화에 대한 관심이 많아 다양한 사람들과 교류하려 노력하는 감초 Influencer. 부조리한 세상 속 일상의 단상을 풍자시나 에세이로 즐기는 방구석 Romanticist. 저서: 시집 《하루하루 詩作(공저)》, 에세이집 《유비백세(有備百歲)(공저)》가 있다.

# 저자 소개

## 서형석 에어프레미아 객실사무장

대한항공을 거쳐 에어프레미아 객실사무장으로 근무중이다. 중앙대학교 글로벌인적자원개발 대학원(HRD 석사)을 졸업하고 한국항공대학교 박사과정(경영학)을 수료했다. 인적자원개발과 조직문화에 관심이 많다. 공저:《MZ 익스피리언스》가 있다.

## 양승현 서울도시가스 차장

한 직장에서 교육, 안전관리, 기획, 감사, 규정 및 대관업무, 제품개발 등 다양한 업무를 수행했다. 또한 독서, 등산, 수영, 스킨스쿠버, 전통 차(茶) 등 매번 새로운 배움을 추구하며, 한국HR포럼에서 대학생 멘토링 봉사활동을 하고 있다. 공저:《하루하루 시작(詩作)》이 있다.

## 유병선 크리니티, 팀장의 팀장

크리니티 팀장의 팀장으로 25년간 인터넷 메일협업, 메일보안 서비스 사업을 Pivoting하고 있다. SirTEAM이란 브랜드로 Global B2B SaaS 기업으로 변신해 해외 시장 개척에 재도전 하고 있다. 그 동안의 축적된 기술력과 사업적 노하우를 기반으로 동남아 시장에서 사업을 키워가며 더 경쟁이 치열한 미주, 유럽 시장으로 확대하는 전략을 수립하고 실행해 보려 한다. 공저:《ChatGPTHR: 생성형 AI, HR에 어떻게 적용할 것인가》,《스몰석세스, 행복한북클럽》,《HR 레볼루션: 생성형 AI, HR 생태계 어떻게 구축할 것인가》가 있다.

## 이재실 일터대학(WPC) 총장

교육학박사, 건설기계기능장, 건설기계기술사, 국제기술사(APEC&International Professional Engineer), 기술지도사, 평생교육사1급, 직업능력개발교사1급 등 다수의 자격증을 보유하고 있다. 현재 일터대학 총장, 대한민국산업현장 교수, 사)한국커리어개발협회 이사(전회장), 한국인력개발학회 이사, 서울시 건축안전진단 전문위원, 국가자격(출제, 검토, 채점, 면접) 위원, 공공기관(건설기계, 인적자원개발, 교육훈련 분야) 전문위원으로 활동하고 있다. 삼성중공업연수원 부원장, 볼보그룹연수원장 등 34년 근무. 경기도 기술닥터, 경영기술자문위원(화성시, 평택시),

안성시 평생교육자문위원 등 활동 경험이 있다. 저서:《평생한 공부》,《기업가정신》,《NCS학습모듈》,《국정교과서 편찬(기계)》,《건설기계(토공·적하)이론》,《NCS학습모듈(유압펌프, 유압밸브)》등 다수가 있다.

## 최규철   경력디자인 대표

필명은 문산(文山)으로, 36년간 사기업, 공기업, 유럽계/미국계 외투기업에서 인사, 교육 및 노무 분야를 담당하며 폭넓은 경험을 한 HR 전문가다. 두산 계열사와 네슬레 합작법인 HR 통합에 따른 변화관리 업무를 주도했으며, 앤더슨 컨설팅(현 엑센츄어), 켈로그, 인그리디언에서 한국 조직 인사책임자로 근무하는 동안 다양한 HR 글로벌 프로젝트를 수행했다. 인천국제공항공사에서 신 인사제도를 주도한 HR기획팀장을 역임했으며, 현재는 국내 인사컨설팅 컨설턴트, 비즈니스/커리어 코칭 등 전문 컨설턴트와 코치로 활동하고 있다. 다양한 기관에서 인사, 변화관리, 리더십 및 커리어 관련 강의를 수행하고 있다. 면접 전문 위원으로 활동하고 있으며, 인사 관련 잡지에 수년 간 칼럼을 기고하고 있다. 다양한 국적의 리더들과 긴밀하게 일해왔으며, 다양한 조직에서 채용과 신규 입사자 교육을 한 경력으로 저서 『퍼펙트 온보딩』이 있다.

## 한정민   노무법인 광화문 대표 공인노무사

현재 노무법인 광화문 대표 공인노무사로서 노동위원회 사건 대리, 노사관계 및 노사갈등 문제 자문, 기업 노사관계 사건 대응, 노동조합 단체교섭 위임, 기업 노사관계 컨설팅, 노무 리스크 진단 등 폭넓은 업무 영역에서 활동하고 있다. 한국경영자총협회 노사대책본부와 삼성전자 인사팀을 거치며 14년간 인사노무분야의 전문성을 길러왔으며, 최근에는 풍부한 경험을 바탕으로 기업체, 대학, 청소년 대상 강의도 병행하고 있다. 아직도 업무의 영역을 확대하고 다채롭게 하는데 주력하고 있다. 공저:《ESG 레볼루션: 지속 가능의 힘》,《HR 레볼루션: 생성형 AI, HR 생태계 어떻게 구축할 것인가》 등이 있다.

# 목차

# Who am I 정체성 탐구

Who am I **김기진**

## 정체성 탐구와 강점 발견 내 안의 잠재력을 깨우다

Who am I **조원규**

## 존재를 향한 물음 "Who am I"

# Who am I **조직과 개인의 조화**

# Who am I **성장하는 조직**

# Who am I 게임 체인저

# Who am I

# 정체성 탐구

Who am I

**김기진**

# 정체성 탐구와 강점 발견

## 내 안의 잠재력을 깨우다

# 1
# 자기 이해와 정체성 탐구

## AI 시대, 나를 찾는 여정

최근 5년간 필자가 경험한 가장 큰 이슈는 두 가지로 요약된다. 첫 번째는 코로나19 발생 직후 '아줌마(아하 나도 Zoom 마스터)'를 출간하고, 이를 기반으로 Zoom을 활용한 '온라인 라이브 강의'를 기획하여 2년 반 동안 총 35,000명을 교육한 일이다. 또한, 기업 HR 담당자를 대상으로 'Zoom PD 전문가 과정'을 개발하여 1,300명의 Zoom PD 전문가를 양성했다. 이러한 성과는 위기 속에서도 빠르게 적응하고 혁신을 실행했기에 가능했다. 그 결과, 필자의 사업 매출은 3배로 증가하는 성과를 거두었다.

두 번째는 2022년 말 ChatGPT의 등장이다. '생성형 AI'라는 개념은 필자에게도 처음에는 매우 생소했으나, 그 잠재력은 큰 영감을 주었다. 이에 2023년 2월 **"ChatGPT: 질문이 답이다"**를 주제로 KHR 포럼을 기획했으며, HR 담당자들의 폭발적인 반응을 얻었다. 단 5일 만에 330명이 신청하였고, 이후 2년 동안 GPT 활용 교육에 총 11,000여 명이 참여하면서 생성형 AI의 가능성을 활용한 새로운 교육 모델을 구축했다.

이와 더불어 필자는 생성형 AI 시대를 준비하며 '에릭스토리'라는 출판사를 설립하였고, 현직 HR 리더들과 협력하여 8권의 HR 공저를 발간했다. 3개의 회사를 운영하며 프로그램 기획, 강의, 출판을 성공적으로 병행할 수 있었던 이유는 ChatGPT를 적극 활용했기 때문이다. 특히, 원고 작성, 교정, 교열 등 1주일이 걸리던 소요되는 작업을 ChatGPT로 단 하루만에 처리하며 효율성을 극대화했다.

AI 기술의 발전은 우리의 삶에 큰 변화를 가져왔다. AI는 단순히 업무를 지원하는 도구를 넘어, 인간의 역할과 존재의 가치를 새롭게 정의하고 있다. 이러한 변화 속에서 우리는 "AI 시대에 나는 누구인가?"라는 질문을 던져야 한다. 이는 철학적 고민을 넘어 우리의 삶과 방향성을 결정짓는 핵심 과제이다.

AI는 직장과 일상에서 효율성을 높이는 동시에, 우리의 역할과 기여도를 재평가하게 만든다. 데이터 분석가 정민 씨는 AI 도구 도입 이후 자신의 역할 축소에 대한 고민을 시작했으나, 이를 기회로 삼아 직무를 재정의했다. 그는 단순한 기술 작업을 넘어 AI와 협력하여 더 높은 수준의 통찰력을 제공하고, 데이터를 기반으로 새로운 전략을 수립하며 조직 내에서 가치를 증대시켰다.

교육 업계 강사로 활동하는 희성 씨 또한 유사한 변화를 경험했다. AI 기반 학습 플랫폼 도입으로 강의 방식이 변화했으며, AI 데이터를 활용하여 학생 개개인의 학습 패턴을 분석하고 맞춤형 피드백을 제공했다. 희성 씨는 단순한 지식 전달을 넘어 학생들을 코칭하고 멘토링하며, 학습 동기를 유발하고 더 나은 학습 효과를 제공했다. 이러한 노력은 강사로서의 역할을 혁신하는 계기가 되었다.

생성형 AI 시대는 기술 적응을 넘어 자신의 역할을 재정의하고, 새로운 가능성을 발견하는 기회를 제공하고 있다. 불과 2년 전과는 전혀 다른 시대를 살아가고 있는 지금, "나는 누구인가?"라는 질문에 대한 답은 AI와 인간이 조화롭게 협력하며, 새로운 가치를 창출하는 과정에서 점차 명확해질 것이다.

## 자기 이해: 나를 알아가는 첫걸음

**자기 이해는 AI 시대를 살아가는 데 필수적인 능력이다.** 생성형 AI 시대가 산업 전반에 파격적인 영향을 미치는 상황에서 자신의 강점과 약점을 명확히 파악하는 것은, 변화하는 환경 속에서도 흔들리지 않고 자신의 위치를 정확히 이해하는 데 중요한 도구가 된다.

자신의 강점과 약점을 이해하는 것은 단순히 개인적인 성찰에 머무르지 않는다. 이는 직무 수행의 효율성을 높이고, 목표를 달성하기 위한 전략을 세우는 데 필수적인 기준이 된다. 더 나아가, 자기 이해는 자신이 원하는 방향으로 성장하기 위한 기초를 마련하며, 자기 발전의 핵심 요소로 작용한다.

또한, 자기 이해는 개인의 정체성을 확립하는 데 중요한 역할을 한다. 변화와 불확실성이 만연한 환경 속에서 쉽게 흔들리지 않기 위해서는 스스로를 깊이 이해하고, 이를 바탕으로 적합한 방향으로 나아가야 한다. AI 시대에서 성공적으로 적응하고 성과를 창출하기 위한 첫걸음은 바로 자기 이해에서 시작된다.

자기 이해는 단기적인 목표를 넘어, 장기적으로 자신이 추구하는 가치와 삶의 방향성을 명확히 하는 데 도움을 준다. 이를 통해 우리는 외부 환경의 영향을 최소화하고, 자신의 내적 원칙을 중심으로 선택과 결정을 내릴 수 있게 된다. 스스로의 강점과 약점을 이해하고 이를 발전시키기 위한 전략을 세운다면, AI 시대의 변화 속에서도 자신감을 가지고 지속적으로 성장할 수 있을 것이다.

더 나아가, 자기 이해는 이전과는 확연히 다른 관점에서 세상을 바라보는 능력을 터득하는 데 기여한다. AI 시대의 빠르게 변하는 환경을 받아들이고 이를 효과적으로 활용하는 데 있어 자기 이해는 강력한 무기가 된다. 이는 단순한 기술 적응을 넘어, 자신만의 가치와 목적을 재정립하는 출발점이 된다.

### ✓ 사례 용섭 씨의 변화 이야기

마케팅 부서에서 일하는 용섭 씨는 자신의 약점인 시간 관리 문제를 인식하고 이를 해결하기 위해 노력했다. 그는 업무를 효율적으로 처리하지 못해 잦은 야근과 스트레스로 어려움을 겪고 있었다. 이러한 문제를 해결하기 위해 용섭 씨는 ChatGPT를 활용했다.

ChatGPT를 통해 자신의 하루 일과와 업무 패턴을 분석한 결과, 용섭 씨는 가장 효율적으로 일할 수 있는 시간대를 파악할 수 있었다. 그는 이 시간대에 주요 업무를 배치하는 새로운 스케줄링 방식을 도입했다. 또한, 동료들과의 업무 협력 과정에서도 ChatGPT의 도움을 받아 팀원 간 효율적인 업무 분배를 설계했다.

이러한 변화는 용섭 씨의 생산성을 두 배 이상 향상시키고, 스트레스를 눈에 띄게 줄이는 데 성공했다. 이전에는 10시간이 소요되던 업무를 이제는 단 1시간 만에 처리할 수 있는 능력을 갖추게 되었다. 이러한 성과는 용섭 씨가 자신의 약점을 정확히 이해하고 이를 AI 기술과 결합하여 효과적으로 개선한 결과였다.

# 10H → 1H

✓ **사례** 보경 씨의 변화 이야기

서비스 업계에서 고객 관리자로 일하는 보경 씨는 자신의 감정 조절 능력 부족을 깨닫고 이를 개선하기 위해 노력했다. 그녀는 고객과의 갈등 상황에서 냉정을 유지하지 못했던 경험을 통해 문제의 심각성을 인식했다. 이후, 스트레스 관리 교육을 받고 감정 조절 훈련을 시작했으며, 고객 상담 사례와 자신의 반응 패턴을 ChatGPT에 입력해 학습 데이터를 구축했다.

ChatGPT는 그녀가 겪을 수 있는 다양한 갈등 상황을 시뮬레이션으로 제공하며, 단계별 대화 연습을 통해 감정을 통제하는 기술을 익히도록 도왔다. 또한, 고객의 감정적 니즈를 더 깊이 이해할 수 있는 통찰을 제공했다.

보경 씨는 ChatGPT를 활용해 자신에게 적합한 맞춤형 AI 챗봇을 직접 구축하고 이를 상담 업무에 적용했다. 결과적으로, 그녀는 고객과의 갈등을 보다 효과적으로 관리하고, 감정 조절 능력을 크게 향상시키며 직장에서의 성과를 높일 수 있었다.

## 생성형 AI와 자기 이해: 성공의 첫걸음

**생성형 AI 시대에서 자기 이해는 개인이 직장에서 성장하고 성과를 높이는 데 필수적인 첫걸음이다.** 용섭 씨와 보경 씨의 사례는 AI 기술과 결합된 자기 이해가 구체적인 실행 방안을 통해 실질적인 변화를 이끌어낼 수 있음을 보여준다.

Who am I: **정체성 탐구** 25

변화하는 환경 속에서 스스로를 재발견하고, 약점을 보완하며 강점을 극대화하는 것은 개인과 조직 모두에게 긍정적인 영향을 미친다. GPT와 같은 도구를 활용한 자기 이해는 단순히 자신을 돌아보는 데 그치지 않고, 개인의 성장과 조직의 성공을 동시에 이끄는 강력한 도구로 자리 잡고 있다.

# 2
# 가치관과 인간다움의 재발견

## 가치관 재정립: 흔들리지 않는 나

AI 시대는 가치관의 혼란을 초래할 수 있다. 빠르게 변화하는 기술과 환경 속에서 자신의 가치관을 확립하는 것은 흔들리지 않는 정체성을 만드는 핵심이다. 이는 자신이 어떤 사람인지, 무엇을 중요하게 여기는지에 대한 깊은 통찰을 요구한다.

가치관은 개인의 선택과 행동을 이끄는 기준으로, AI 시대에서도 인간다운 삶을 영위하기 위한 필수 요소이다. AI는 효율성, 속도, 정확성 등에서 뛰어난 성능을 발휘하지만, 인간의 본질적인 가치와 목적을 대신할 수는 없다. 우리가 추구하는 삶과 인간답게 살아가기 위한 기준을 정립하는 일은 기술 혁신과 더불어 중요한 과제이다.

필자는 지난 2년간 생성형 AI 강의와 컨설팅을 통해 효율성을 극대화하는 데 주력해 왔다. 다양한 산업에서 AI 도입이 가속화되면서 많은 기업들이 그 변화를 수용하고 있다. 그러나 이러한 기술의 발전과 도입이 중요하긴 하지만, 그 과정에서 기업과 개인이 놓치지 말아야 할 것은 바로 인간적인 가치와 목적이다. 따라서 AI 시대에는 기술의 발전과 인간의 가치관 사이의 균형을 잘 맞추는 것이 중요하다.

✓ **사례** 가은 씨의 변화 이야기

사회복지사로 일하는 가은 씨는 AI 도입으로 인한 가치관 변화의 도전에 직면했다. AI 기반 사례 관리 시스템이 도입되면서, 그녀는 자신이 단순히 데이터를 입력하는 역할로 축소될까 걱정했다. 그러나 가은 씨는 기술의 편리함을 활용해 행정 업무를 줄이고, 클라이언트와의 직접적인 상담과 감정적 지지에 더 많은 시간을 투자하기로 결정했다.

AI는 클라이언트의 과거 상담 기록과 사례를 분석하여 적합한 접근 방식을 제안했다. 이를 바탕으로 가은 씨는 더 깊이 있는 상담을 진행할 수 있었다. 이러한 노력은 클라이언트로부터 신뢰를 얻고, 복지 서비스의 질을 높이는 결과로 이어졌다. AI는 효율성을 제공했고, 가은 씨는 그 안에서 인간적인 가치를 강화하며 본인의 역할을 재정립했다.

### 가치관 재정립의 중요성

가치관 재정립은 AI 시대에서도 흔들리지 않는 정체성을 유지하고, 기술을 인간적인 가치와 조화롭게 결합하는 데 필수적인 과정이다. 개인과 조직이 자신의 핵심 가치를 명확히 이해하고 이를 기준으로 행동할 때, AI 기술은 인간다움의 가치를 증폭시키는 강력한 도구로 활용될 수 있다.

이 과정은 AI 시대를 살아가는 우리 모두에게 새로운 기회를 제공하며, 기술과 인간의 협력을 통해 지속 가능한 미래를 만들어가는 밑거름이 된다. 가치관을 재정립하는 것은 기술을 단순히 도구로 사용하는 것을 넘어, 그 안에 인간다움을 담아내는 과정이다. AI는 우리 삶을 효율적으로 만드는 데 기여할 수 있지만, 궁극적으로 삶의 방향성을 결정하는 것은 우리의 가치관이다.

## 창의성과 감정: 인간만의 고유 능력

**창의성과 감정은 여전히 인간만의 고유한 영역이다.** 창의성은 새로운 것을 만들어내는 능력이며, 감정은 인간다움을 구성하는 핵심 요소이다. 이 두 가지 능력은 AI가 쉽게 모방할 수 없는 부분으로, 인간의 독창적이고 본질적인 특성을 나타낸다.

AI는 데이터를 기반으로 학습하고 패턴을 분석하여 예측하거나 문제를 해결할 수 있다. 그러나 창의적인 아이디어를 떠올리거나 감정적으로 깊이 공감하는 능력은 인간만이 할 수 있는 일이다. 창의성은 단순히 새로운 것을 창출하는 데 그치지 않는다. 이는 기존의 아이디어나 문제 해결 방식을 넘어, 혁신적이고 독창적인 접근을 통해 가치를 창출하는 능력이다. AI가 기존 데이터를 활용해 효율적으로 문제를 해결할 수 있을지언정, 감정적인 요소나 예술적인 면을 이해하고 표현하는 것은 여전히 인간의 영역이다.

감정은 인간이 관계를 맺고 세상과 소통하는 중요한 방식이다. 감정은 동기를 부여하고, 사회적 상호작용을 통해 공동체와의 유대감을 형성한다. AI 시대에도 감정의 중요성은 변하지 않는다. 우리가 AI와 협력하며 더 나은 세상을 만들기 위해서는 인간다운 감정을 잃지 않는 것이 필수적이다. 감정이 담긴 창의적인 아이디어와 혁신적인 솔루션은 AI 시대에도 여전히 큰 가치를 지닌다.

### ✔ **사례** 미숙 씨의 창의적 예술

예술가인 미숙 씨는 AI를 활용하여 새로운 예술 작품을 제작했다. ChatGPT나 미드저니를 활용하면 3일간의 작업이 10초만에 끝난다. 상상할 수 없을 정도의 변화이자 혁신이다. 그러나 그녀는 단순히 AI가 생성한 이미지를 사용하는 데 그치지 않고, 자신의 감정을 담아 독창적인 스토리를 부여했다. 미숙 씨는 AI가 제시한 이미지를 기반으로 새로운 색감과 질감을 더하며, 작품에 인간적인 깊이를 표현했다. 이를 통해 그녀는 AI 시대에도 창의성과 감정이 예술에서 얼마나 중요한 가치를 지니는지를 입증했다. 그녀의 작품은 기술적 요소와 인간적 감성이 결합된 결과물로 강렬한 인상을 남겼다.

### ✓ 사례 재영 씨의 교육적 감정 지지

교육 업계에서 활동하는 강사 재영 씨는 AI 기반 맞춤형 학습 프로그램을 도입한 후, 학생들에게 정서적 동기를 부여하는 데 주력했다. AI가 학습 데이터를 분석하여 학생 개개인의 필요에 맞는 학습 콘텐츠를 제공했지만, 재영 씨는 여기서 한 걸음 더 나아갔다.

그는 학생들이 학습 과정에서 느끼는 불안과 성취감을 세심히 관찰한 데이터를 정리하고 분석하는데 있어서 ChatGPT를 활용하여 학생 개개인의 맞춤형 피드백을 해주었다. 학습 중 어려움을 겪는 학생들에게 공감이 가는 격려와 칭찬을 통해 학습 몰입도와 자신감을 높였다. 그 결과, 학생들은 단순히 성적뿐만 아니라 학습 태도에서도 긍정적인 변화를 경험했다.

AI가 학습 효율성을 높였다면, 재영 씨의 감정적 지지는 학생들의 장기적인 학습 동기를 유지하는 데 핵심적인 역할을 했다.

### AI 시대의 인간다움

창의성과 감정은 AI가 대체할 수 없는 인간 고유의 능력이다. AI는 데이터를 처리하고 문제를 해결하며 효율성을 높일 수 있지만, 창의적 아이디어와 깊은 공감은 인간만이 할 수 있는 일이다. 창의성은 혁신과 가치를 창출하고, 감정은 우리를 연결하고 동기를 부여하며 공동체를 강화한다.

AI와의 협력은 단순한 효율성 추구를 넘어, 인간의 고유한 능력을 빛나게 하는 기회다. 예술, 교육, 비즈니스 등 모든 분야에서 AI는 생산성을 높이는 도구로, 인간은 창의성과 감정을 결합해 더 나은 아이디어와 공감을 통해 변화를 시도한다.

AI와 인간은 경쟁이 아닌 상호 보완적 관계다. AI는 효율성을 높이고, 인간은 창의성과 감정을 통해 세상에 깊이와 의미를 더한다. 이러한 협력은 기술과 인간이 조화롭게 공존하며 새로운 가능성을 창출하는 창조적 협력의 시대를 열어갈 것이다.

창의성과 감정은 AI 시대에도 인간다움을 지키는 본질적인 요소로, 우리가 무엇을 위해 살아가고 무엇을 추구해야 하는지 명확히 하는 나침반 역할을 한다. AI는 인간의 독창성과 감정을 증폭시키는 도구로, 우리의 삶을 더 풍요롭고 의미 있게 만들어주는 핵심 도구이다.

# 3

# AI 시대, 리더의 역할 재정립

## AI 시대에 필요한 협력적 리더십

**AI 시대에는 협력적이고 유연한 리더십이 필수적이다.** 기술 발전이 협업 방식을 혁신하며, 리더의 역할도 새롭게 정의되고 있다. 리더는 관리하고 명령을 내리는 존재가 아니라, 영감을 주고 팀원들의 잠재력을 이끌어 내는 조력자이다. 기술 활용 능력과 함께, 팀원들의 창의성과 강점을 발휘할 수 있는 환경을 조성하는 것이 리더의 핵심 역할이다.

AI는 리더가 정보를 신속히 파악하고 효율적 의사결정을 내릴 수 있도록 돕는다. AI 기반의 분석 툴과 의사결정 도구는 협업을 극대화하며, 팀워크를 강화하는 강력한 도구다. 그러나, 기술을 최대한 활용하려면 신뢰와 공감을 바탕으로 한 협력적 관계가 필수적이다.

## ✔ 사례 승현 씨의 IT 회사 이야기

IT 팀장인 승현 씨는 AI 도구를 도입하며 팀 협력을 한층 강화했다. 그는 처음 AI 도구를 도입할 때 팀원들의 적응이 쉽지 않을 것이라 예상하고, AI 활용 교육 프로그램과 개별 지원을 체계적으로 준비했다. 팀원들은 AI를 활용해 일하는 방식에 익숙해지며, 복잡한 데이터 분석 작업을 더 신속하고 정확하게 수행할 수 있었다.

승현 씨는 단순히 기술을 도입하는 데 그치지 않고, 팀원들의 의견과 창의적인 아이디어를 적극적으로 수렴했다. 그는 AI가 팀의 역량을 강화하는 도구임을 강조하며, 팀원들에게 자율성을 부여했다. 한 팀원이 제안한 새로운 AI 데이터 분석 방법은 승현 씨의 이러한 리더십의 결과였다.

이 방법을 채택한 결과, 기존의 분석 절차에서 소요되던 시간이 절반 이상 단축되었고, 프로젝트 일정도 큰 폭으로 앞당겨졌다. 승현 씨는 프로젝트 성공 이후 팀원들에게 공을 돌리며, 모두의 기여가 프로젝트 성과를 가능하게 했다고 격려했다. 이는 팀원들의 동기와 자신감을 크게 높이는 계기가 되었으며, 창의적인 아이디어를 성과로 이어질 수 있도록 리더십을 발휘한 한 것이다.

### ✔ 사례 대경 씨의 제조업 관리 이야기

공장 관리자 대경 씨는 AI 기반 생산성 도구를 도입하며, 작업 환경의 효율성과 안전성을 동시에 개선했다. AI를 활용하여, 현장 작업 프로세스를 면밀히 분석한 결과, 비효율적인 단계와 자원 낭비를 구체적으로 파악할 수 있었다. 대경 씨는 AI를 활용해 도출한 데이터를 팀원들과 공유하며, 각자의 의견을 이끌어 내는데 집중했다.

회의 과정에서 대경 씨는 팀원들의 현장 경험과 관점을 중요하게 여겼다. 팀원들은 작업 과정을 세분화하고 AI를 활용한 분석 데이터를 바탕으로 효율적인 업무 배치와 자원 활용 방안을 함께 설계했다. 이 과정에서 AI는 작업 위험 구간을 시각화하고, 사고 가능성을 줄이기 위한 최적의 대응 방안을 제안했다. 팀원들은 이를 바탕으로 ChatGPT를 활용하여 구체적인 안전 수칙과 절차를 도입하여 매뉴얼을 제작했다.

이러한 변화 과정을 통해 작업자의 안전과 작업 효율성을 동시에 향상시켰다. 직원들은 자신들의 의견이 반영된 개선 방안을 통해 더 큰 만족감을 느꼈고, 생산성 또한 크게 증가했다. 대경 씨는 이 경험을 통해, AI 도구와 인간의 협력이야말로 조직 내 혁신의 열쇠임을 확신하게 되었다.

### 협력적 리더십의 핵심

협력적 리더십의 핵심은 단순히 AI를 도입하는 데 그치는 것이 아니다. 이는 기술과 인간의 역량을 조화롭게 결합하여 성과를 극대화하는 동시에, 팀원들에게 자율성과 책임감을 부여하고, 그들의 의견과 아이디어를 존중하는 데 중점을 둔다. 특히, 생성형 AI의 활용법이 아직 일반화되지 않은 현 상황에서는 단계적인 AI 활용 전략을 마련하고 이를 통해 새로운 팀 문화를 형성해 나가는 것이 중요하다.

AI 시대의 리더십은 단순히 효율성을 추구하는 데 그치지 않는다. 이는 신뢰와 협력을 기반으로 사람 중심의 조직 문화를 구축하는 데 초점을 두어야 한다. 이러한 리더십은 조직이 급변하는 환경 속에서 신속하게 적응하고, 장기적인 경쟁력을 유지하며 지속 가능한 성장을 실현할 수 있는 토대를 마련한다.

AI와 인간의 조화로운 협력은 단순한 성과 향상을 넘어, 지속 가능한 조직 문화를 형성하고 새로운 가능성을 창출하는 데 있어 핵심적인 역할을 한다. 이에 따라 AI 시대의 리더는 기술과 인간의 역량을 융합하여 창의적이고 미래 지향적인 리더로 새롭게 정의되어야 한다.

## AI 시대의 효과적인 소통 방법

AI는 정보 전달과 분석에서 핵심적인 역할을 수행하지만, 인간적인 소통은 여전히 대체할 수 없는 가치를 가진다. 정보의 속도와 정확성이 중요시되는 AI 시대에는 효과적인 소통의 필요성이 더욱 커진다. AI는 데이터를 신속하게 분석하고 정보를 전달하는 데 도움을 줄 수 있지만, 사람들 간의 신뢰와 공감을 형성하는 역할은 인간만이 수행할 수 있다.

효과적인 소통은 단순히 정보를 교환하는 것을 넘어, 팀원들과의 신뢰와 공감을 쌓아가는 과정이다. AI 시대의 리더는 기술을 적극 활용하면서도 인간 중심의 소통 방식을 유지해야 한다. 신뢰는 인간 관계에서 가장 중요한 요소 중 하나이며, 리더는 이를 통해 팀원들과의 유대감을 강화해야 한다. 이러한 신뢰와 유대감은 장기적인 협력과 성과를 이끌어내는 필수적인 기반이다.

고객 서비스 부서의 리더 효빈 씨는 AI 챗봇이 고객과의 1차 소통을 담당하는 환경에서도, 팀원들과의 정기적인 대화를 통해 문제를 공유하고 해결책을 논의했다. 그녀는 매주 팀 회의를 열어 팀원들의 의견을 경청하고, AI 대응 과정에서 발생한 고객 불만 사례를 함께 검토했다. 이러한 접근은 팀원들에게 신뢰와 자율성을 부여했으며, 고객 대응 과정에서 AI와 인간의 협업을 최적화하는 데 집중했다.

프로젝트 관리 부서의 리더 태현 씨는 AI 기반 보고서 작성 도구가 도입된 후에도 인간적인 소통을 중요하게 여겼다. 그는 AI가 생성한 데이터의 신뢰성을 검증하고 이를 팀원들과 함께 논의하며 중요한 의사결정을 내리는 과정을 강조했다. 태현 씨는 정기적인 1:1 미팅을 통해 각 팀원의 의견을 경청하고, AI 도구의 개선점과 활용 방안을 논의하며 팀의 협력 문화를 강화했다. 이러한 노력은 조직 내 소통을 원활하게 만들었으며, AI가 가져온 효율성과 인간적인 접근이 조화를 이루는 환경을 구축하는 데 매우 중요한 행동이다.

리더는 AI를 활용하면서도 팀원들의 감정과 의견을 소홀히 하지 않아야 한다. 인간 중심의 소통은 조직의 지속 가능성과 성과를 동시에 달성할 수 있는 핵심 요소이다. AI와 인간의 조화를 통해 성과를 극대화하는 리더십은 성공적인 조직 운영에 필수적이다.

## 조직 내 리더로서의 자기 확립

**AI 시대의 리더는 단순히 기술을 관리하는 역할을 넘어 조직 내에서 자신만의 정체성을 확립해야 한다.** 리더의 정체성은 그가 조직 내에서 어떻게 영향력을 행사할지를 결정짓는 중요한 요소로, 팀원들과의 신뢰를 구축하고 조직의 방향성을 제시하는 데 핵심적인 역할을 한다. 변화와 혁신의 중심에서 조직을 이끌기 위해, 리더는 자신의 가치관과 목표를 명확히 정의하고, 이를 실현하는 과정에서 보여주는 일관성과 비전이 필수적이다. 자기 확립은 단순한 개인적인 성찰을 넘어, 조직 내에서 효과적인 리더십을 발휘하고 긍정적인 영향을 미치는 데 있어 반드시 필요한 요소이다.

리더는 자신의 강점을 활용하여 팀원들의 잠재력을 최대화하고, 조직이 변화하는 환경에 효과적으로 대응할 수 있도록 도와야 한다. IT 스타트업의 창업자인 순영 씨는 "혁신적인 AI 도입을 통해 조직문화를 변화시키겠다"는 명확한 목표를 팀원들과 공유했다. 그는 이 목표를 기반으로 조직의 일관성을 유지하면서도 변화에 유연하게 적응하는 리더십을 발휘했다. 이는 리더의 가치관과 목표가 조직의 성장과 안정에 어떻게 기여할 수 있는 지를 보여주는 사례다.

리더십은 기술과 인간다움의 균형을 맞추는 예술로 진화하고 있다. AI를 활용하여 조직의 성과를 극대화하면서도, 인간적인 소통과 공감을 통해 팀원들과의 신뢰를 쌓아야 한다. AI를 통해 업무 효율성을 높이는 동시에, 정기적인 피드백 세션을 통해 팀원들의 감정적 니즈를 충족시키는 접근법은 강력한 협력 문화를 구축하는 것이 리더의 역할이다.

리더는 스스로를 끊임없이 성찰하고 성장시키는 자세를 통해 생성형 AI 시대의 변화하는 환경에 유연하게 적응해야 한다. AI 기술의 빠른 도입 속에서, 리더는 새로운 도구와 프로세스를 배우는 데 앞장서야 하며, 이를 팀원들에게 효과적으로 전달할 수 있어야 한다. 그렇지 못하면, 어느순간 스스로가 걸림돌을 자처하는 상황에 직면하게 되기 때문이다.

AI 시대의 리더십은 기술적 전문성과 인간적인 접근을 조화롭게 결합함으로써 더욱 효과적이고 의미 있게 진화해 나가야 한다. 리더는 자신의 가치와 목표를 중심으로 팀을 이끌고, 인간다움을 바탕으로 조직의 성장을 돕는 역할을 해야 한다. 이는 AI 시대에도 변하지 않는 리더십의 핵심이며, 성공을 결정짓는 중요한 요소다. 결국, AI와 인간이 조화롭게 협력할 때 조직은 지속적으로 성장하고 발전할 수 있다.

# 4

# AI 시대 핵심역량 AAA

생성형 AI 시대가 3년 차에 접어들며 기술 변화의 가속화, 불확실성의 증가, 효율성과 혁신 간 균형 요구, 글로벌 경쟁 심화, 조직 내외부의 복잡성 확대, 데이터 기반 의사결정의 중요성이 더욱 부각되고 있다. 이러한 환경에서 조직이 변화에 대응하고 경쟁 우위를 확보하기 위해 요구되는 AAA 역량(적응력 Adaptability, 민첩성 Agility, 증폭역량 Amplification)은 개인과 조직 모두가 반드시 갖추어야 할 핵심 역량이다.

필자는 이러한 AAA 역량 강화를 위해 교육 및 컨설팅 활동에 주력하고 있다. AAA 역량은 조직이 단순한 생존을 넘어 도약과 혁신을 이루는 탄탄한 기반이 된다. AAA 역량 각 항목의 구체적 의미와 중요성은 다음과 같다.

### 적응력 Adaptability: 변화 속에서 기회를 발견하는 힘

적응력은 예측 불가능한 변화 속에서 기회를 발견하고, 불확실성을 극복하며 이를 성장의 발판으로 삼는 능력이다. 변화에 대한 두려움을 신선한 도전으로 전환시키고, 환경 변화에 유연하고 적극적으로 대응하며, 새로운 요구와 도전에 열린 태도를 지속적으로 유지하는 것이 적응력의 핵심이다.

생성형 AI 시대의 급변하는 기술 환경에서 적응력은 선택이 아닌 필수 역량이다. 끊임없이 변화하는 환경 속에서도 긍정적인 태도를 유지하고, 새로운 기술과 트렌드를 배우며 변화의 중심에서 기회를 포착하는 사람이 미래를 준비할 수 있다. "미래는 준비된 자의 것"이라는 말처럼, 적응력은 변화의 물결 속에서 성장과 도약을 이끄는 원동력이다.

과거에는 안정적인 업무 환경이 성공의 조건으로 여겨졌다. 그러나 현재의 급변하는 환경에서는 지속적인 학습과 자기 혁신을 통해 새로운 상황에 적응하는 것이 더 중요한 경쟁력이 되었다. 조직 차원에서도 변화에 민감하게 반응하고, 필요할 때 구조와 전략을 유연하게 수정할 수 있는 적응력은 성공을 위한 필수 조건이다.

적응력의 중요성은 다음과 같다.

✓ 기회를 발견하는 능력

변화 속에서 숨겨진 기회를 포착하여 경쟁력을 확보한다. 환경 변화와 불확실성 속에서도 새로운 가능성을 찾아내고 이를 실행으로 옮기는 능력은 개인과 조직의 성장과 성공을 이끄는 필수적 역량이다.

✓ 긍정적 태도 유지

불확실한 상황에서도 낙관적인 자세를 유지하며 문제를 효과적으로 해결한다. 긍정적인 태도는 어려운 상황에서도 창의적이고 유연한 해결책을 모색할 수 있는 강력한 동력이 된다.

✓ 유연한 대응

　빠르게 변화하는 환경에 발맞춰 전략과 실행 방안을 신속하게 조정하는 것이 중요하다. 유연성은 예상치 못한 도전에 효과적으로 대응하면서도 조직의 안정성과 성과를 극대화하는 데 핵심적인 역할을 한다.

✓ 지속적인 학습과 혁신

　새로운 기술과 트렌드에 민첩하게 적응하며 개인과 조직의 역량을 증대시킨다. 지속적인 학습과 자기 혁신은 변화하는 환경 속에서 경쟁 우위를 확보하기 위한 핵심 요소이다.

　적응력은 변화와 불확실성 속에서도 개인과 조직이 성장하고 성과를 이루는 데 필수적인 역량이다. AI 시대의 리더십과 조직 운영에서도 중요한 핵심 요소로 작용하며, 변화에 유연하게 대응하는 조직과 개인만이 지속적인 성공을 이끌어갈 수 있다. 강한 적응력은 미래를 대비하는 든든한 기반이 된다.

### 민첩성 Agility: 빠른 판단과 실행으로 경쟁력 확보

　민첩성은 빠르게 판단하고 효율적으로 행동하며 변화에 신속히 대응하는 능력을 의미한다. 생성형 AI 시대는 점점 더 빠른 속도로 변화하고 있으며, 이러한 흐름에 적응하기 위해 개인과 조직 모두에게 민첩성이 필수적으로 요구된다. 이는 단순히 빠르게 움직이는 것을 넘어, 올바른 방향으로 신속히 움직이는 것을 포함한다.

민첩성은 실패를 두려워하지 않는 태도에서 비롯된다. 시행착오를 통해 작은 성공과 실패를 반복하며 점진적으로 개선하는 과정에서 민첩성의 가치는 극대화된다. 특히, 의사결정 과정에서 비효율을 줄이고 AI 기술과 협업 도구를 활용하여 업무 속도를 높이는 것이 민첩성의 중요한 요소이다.

민첩한 조직은 변화하는 시장 환경에 유연하게 대응하며 경쟁력을 유지한다. 빠른 판단과 실행력으로 기회를 포착하고, 실패를 배움과 혁신의 자원으로 활용한다. 또한, 기술과 인간의 조화를 극대화하여 지속적인 성장을 이루는 것이 민첩한 조직과 개인이 갖춰야 할 핵심 역량이다.

## 민첩성의 핵심 요소

✓ 신속한 판단과 실행

변화에 직면했을 때, 빠르게 상황을 분석하고 적절한 결정을 내려 실행에 옮기는 것이 중요하다. 이는 변화의 속도를 따라잡고 기회를 놓치지 않기 위한 필수 역량이다.

✓ 실패를 두려워하지 않는 태도

민첩성은 실패를 두려워하지 않고 시행착오를 반복하며 점진적으로 개선하는 과정에서 극대화된다. 이러한 태도는 더 나은 결과를 도출할 수 있는 중요한 학습과 혁신의 동력이 된다.

✓ 의사결정의 효율성

복잡한 의사결정 과정을 단순화하고, AI 기술과 협업 도구를 활용하여 업무 속도를 높이는 것이 민첩성의 핵심이다. 이는 의사결정의 비효율성을 줄이고, 변화하는 상황에서 신속하고 효과적인 대응을 가능하게 한다.

민첩성은 개인과 조직이 급변하는 환경 속에서 경쟁력을 유지하고 성장하기 위한 핵심 역량이다. 빠르고 정확한 판단과 실행, 실패를 통한 학습과 개선, 기술과 인간 협력의 극대화를 통해 민첩성을 갖춘 조직과 개인은 현대사회의 도전에 효과적으로 대응하며, 지속적인 성공과 발전을 이뤄낼 수 있다.

## 증폭역량 Amplification: 인간과 AI의 시너지로 가치 창출

증폭역량은 AI 도구를 활용해 기존의 역량을 극대화하고, 개인과 조직의 잠재력을 증폭시키는 능력이다. 이는 단순히 AI를 사용하는 데 그치지 않고, 인간의 창의성과 AI의 분석력을 결합해 새로운 가치를 창출하는 것을 목표로 한다.

단순한 업무를 자동화하고, 고부가가치 활동에 집중하는 것은 증폭역량을 발휘하기 위한 기본이다. AI를 활용해 팀원들의 강점과 창의성을 극대화하는 환경을 조성하고, 데이터를 기반으로 새로운 아이디어와 전략을 도출하는 능력은 조직 성과를 이끄는 핵심 열쇠이다.

데이터를 분석하는 데 걸리던 시간을 AI로 단축시키고, 그 결과를 활용해 창의적이고 혁신적인 아이디어를 빠르게 실행에 옮기는 것이 증폭역량이다. 인간과 AI가 협력하며 함께 발전하는 과정은 조직과 개인의 성과를 획기적으로 향상시키며, 미래의 가능성을 무한히 확장하는 원동력이 된다.

# AAA 역량

적응력, 민첩성, 증폭역량은 단순한 생존 기술이 아니다. AAA 역량은 변화와 도전의 환경에서 지속적으로 성장하고, 경쟁력을 유지하며, 혁신을 이루기 위한 핵심 요소이다. 현대사회는 점점 더 빠르게 변화하고 있으며, 이러한 변화는 개인과 조직 모두에게 적응력을 요구한다. 적응력을 갖춘 사람과 조직은 불확실성 속에서도 새로운 기회를 포착하고, 민첩성을 바탕으로 빠르게 실행하여 경쟁력을 강화하며, AI를 활용한 증폭역량으로 창의성과 혁신을 극대화할 수 있다.

AAA 역량은 조직이 변화의 위기를 단순히 극복하는 데 그치지 않고, 이를 기회로 전환할 수 있는 힘을 제공한다. 이 역량은 개인의 잠재력을 확장하고, 조직의 성과를 높이며, 인간 중심의 가치를 기반으로 강력한 리더십을 발휘할 수 있는 토대를 마련한다.

미래는 누구도 정확히 예측할 수 없지만, 준비된 자는 흔들리지 않는다. AAA 역량을 갖춘 개인과 조직은 단순히 변화에 적응하는 수동적 존재를 넘어, 새로운 가능성을 열어가는 선도자가 될 수 있다. 생성형 AI 시대의 도전적인 변화에 AAA 역량을 기반으로 접근하면, 위기를 성장과 혁신의 기회로 바꿀 수 있다.

AAA 역량은 개인과 조직의 지속적인 성장을 이끄는 핵심 원동력이다. 이를 기반으로 조직은 불확실한 미래 속에서도 흔들리지 않는 탄탄한 기반을 구축하고, 변화와 혁신을 선도하는 주역이 될 수 있다. 변화는 피할 수 없는 현실이지만, AAA 역량을 갖춘 개인과 조직은 이를 기회로 삼아 끊임없이 발전하며 한 단계 더 도약할 수 있다.

# 존재를 향한 물음

## "Who am I"

# 1
# 삶의 여정에 끝없는 질문

12월 초, 한 나방이 자신의 마지막 삶을 살기 위해 애틋하게 날갯짓하는 모습을 보았다. 삶의 끝자락에서 무엇인가를 이루고 남은 생을 마무리하려는 듯한 그 날갯짓은 마치 혼의 날갯짓처럼 보였다. 힘없이 퍼덕이는 날갯짓을 바라보며, 나 또한 존재(Existence)에 대한 질문을 다시 던지게 되었다.

# Who am I

"Who am I"는 시대와 세대를 초월해 남녀노소 누구에게나 주어진 질문이자 고민거리이다. 이는 자신에 대한 존재 탐구이자 존재의 의미를 찾는 여정이며, 인간 존재의 본질을 묻는 물음이다.

이 질문은 존재의 본질(Essence)에 대한 탐구로서, "나는 누구인가?"라는 정체성의 물음일 뿐만 아니라, 현재(Presence)를 살아가는 "지금-여기"에 대한 질문이며, 가능성(Potentiality), 즉 "나는 무엇이 될 수 있는가?"라는 희망과 잠재력을 내포한 물음이다.

"Who am I"는 인간 존재의 가장 근본적인 질문 중 하나이다.

이 질문은 정체성과 자아 인식을 탐구하려는 인간의 욕구를 반영하며,

우리는 이를 통해 자기 이해를 심화한다. 또한 사회적 존재로서 타인과의 관계 속에서 자신의 위치를 찾는 도구로 작용한다.

우리는 이 질문을 통해 하나의 인격체로서 자신의 가치관, 목표, 관심사 등을 이해하고 정의하며 정체성을 형성한다.

"Who am I"는 가족, 친구, 동료 등 우리를 둘러싼 주체와의 상호작용 속에서 자신의 모습을 발견하게 한다. 이러한 이유로 이 질문은 삶에서 중요한 역할을 한다.

이를 통해 우리는 내면을 깊이 탐구하고, 더 나은 방향으로 성장할 수 있다. 또한 "Who am I"는 철학, 심리학, 종교 등 다양한 분야에서도 다루어지는 주제이다. 각 분야는 각자의 관점에서 이 질문을 해석하고 그 답을 모색하기 위해 노력해 왔다.

결론적으로, "Who am I"라는 질문은 우리 인생에서 매우 중요한 의미를 지닌다. 그 답을 찾는 과정은 우리를 성장시키며 삶을 더욱 풍요롭게 만들어주는 지렛대가 된다.

### 질문의 본질과 중요성

**"나는 누구인가?"라는 질문은 인간 존재의 근본적 질문이다.**

기원전 400년 소크라테스는 내면적 자아를 찾으며 이성적, 비판적, 반성적인 자세와 토대를 추구하며 이 질문을 던졌다. 이는 단순한 자기 정의나 정체성의 기술을 넘어, 인간이 스스로의 존재를 탐구하고 삶의 목적과 방향성을 찾아가는 데 중요한 질문이다.

생성형 AI의 등장으로 질문의 중요성이 더욱 부각되고 있다. 인류가 존재한 이후 가장 큰 영향을 미친 The Biggest Question 중 하나가 "Who am I"일 것이다.

2400년 전 이 질문은 철학, 종교 및 사회적으로 커다란 파장을 불러왔으며, 시대를 바꾸고 변화를 이끈 시대마다 주체들에게 혁신과 혁명을 불러오게 한 질문이었다. 그 이유는 "Who am I" 속에 본질을 향한 강한 울림이 있기 때문이다.

나는 이를 "창조주가 인간 내면에 심어 놓은 창조와 혁신의 씨앗"이라 정의하고 싶다. 그 속에는 뿌리가 되는 정체성에 대한 근본적 탐구, 기둥이 되는 존재에 대한 삶의 의문, 그리고 가지와 잎이 되는 변화와 성찰의 도구가 있기 때문이다.

## 1) 정체성 탐구의 근본
**"Who am I"는 "나는 어떤 사람인가?", "나는 어떤 존재인가?"와 같은 정체성에 대한 근본적 물음을 담고 있다.**

정체성은 크게 내적 속성과 외적 속성으로 나뉜다.

외적 속성은 직업, 이름, 역할 등 존재의 발현으로 나타난 모습을 말한다. 내적 속성은 존재의 가치, 신념, 지향하는 목표 혹은 욕망을 포함한다.

이 질문은 우리의 겉모습이 아닌 내면의 진실에 다가가게 하며, 마치 뿌리를 내리듯 존재를 탐구하게 한다.

## 2) 존재에 대한 철학적 의문
"나는 누구인가?"는 인간 존재의 본질에 대한 물음으로 확장된다.

인간은 단순히 생물학적 개체에 불과한가? 아니면 인간 존재는 우주적 질서, 사회적 관계, 혹은 영적인 차원과 연결되어 있는가?

이 질문은 단순한 자아 탐구를 넘어, 삶과 우주 속에서 인간의 위치를 성찰하게 만든다. 이는 마치 나이테가 켜켜이 쌓이며 성장하는 것과 같다.

### 3) 변화와 성찰의 도구

**"Who am I"는 인간이 고정된 존재가 아니라, 끊임없이 변화하는 과정 속에 있음을 깨닫게 한다.**

이 질문은 현재의 자신을 고정적으로 정의하기보다는, 변화하는 자신을 꾸준히 성찰하고 탐구하려는 노력이다.

이는 지향점을 향해 뻗어 나가는 가지처럼, 잎사귀를 만들고 꽃을 피우며 자신의 존재 가치를 정의해 나가는 과정을 보여준다.

결국 열매를 맺음으로써 해마다 성장해 나가는 것이다.

# 2
# "Who am I"가 가진 힘

왜 "Who am I"라는 질문은 그토록 오랫동안 우리에게 지속적으로 남아 우리를 괴롭히기도 하고, 또 우리를 더 나은 나로 이끄는 것일까?

첫째는 방향성에 있다.

"Who am I" 속에는 자신이 누구인지, 자신이 어디로 향해 가는 존재인지, 또 무엇을 해야 할지를 정함에 있어 꼭 필요한 질문이 담겨 있다.

이 질문을 통해 우리는 자신이 삶을 살아가는 방향성을 깊이 이해할 뿐만 아니라, 삶의 목표와 가치를 명확히 설정할 수 있다. 또한, 지금의 나를 보다 의미 있는 삶으로 나아가도록 돕는다.

둘째는 성찰과 수용을 통한 내적 변화이다.

좋은 질문은 생각하게 하고, 실행하게 하는 힘을 가진다. 그리고 변화를 일으킨다.

"Who am I"는 스스로를 성찰하고, 자신의 한계와 가능성을 이해하도록 돕는다. 이는 더 나아가 자기수용(self-acceptance)으로 이어져, 진정한 자기애와 자아 존중감을 형성하는 데 기여한다.

자신을 깊이 이해하고 받아들이는 사람은 외부 환경의 변화에 흔들리지 않고 내적 안정감을 유지할 수 있다. 좋은 질문은 스스로를 변화시킬 힘을 갖고 있으며, 성찰은 나를 바라보게 하고 자연스럽게 올바른 방향으로 나아가도록 이끈다.

셋째는 사회적 관계와 공동체에 대한 이해를 넓혀준다는 점이다.

"Who am I"는 우리를 홀로 존재하는 독립된 존재가 아니라, 타인과의 관계 속에서 자신의 정체성을 바라보게 한다.

"나는 누구인가?"라는 질문은 자신을 이해함으로써 타인과의 관계를 새롭게 바라보고, 더 건강하고 의미 있는 사회적 연결을 가능하게 한다.

이처럼 심층적인 질문을 할 때, 관계성을 가미한 질문을 던지면 더 깊이 있고 다양한 답을 얻을 수 있다. 바라보는 시각을 다변화하고, 시점을 다각화하는 방법 중 하나가 관계성을 포함한 질의를 던지는 것이다. 나를 형성하는 1차원적 요소에 2차원적 요소를 더하고, 나아가 3차원적 요소까지 끌어낼 수 있는 질문이야말로 좋은 질문이라 할 수 있다.

끝으로 깊이 있는 삶(철학과 영적 성장 요소)을 살게 하기 때문이다.

"Who am I"는 단순한 자기 이해를 넘어, 우리를 철학적이고 영적인 성장으로 이끄는 요소를 담고 있다. "나는 누구인가?"를 진지하게 탐구하는 과정에서 우리는 삶의 본질, 세계의 구조, 그리고 인간 존재의 의미에 대한 더 깊은 통찰을 얻게 되기 때문이다.

점점 복잡해지는 자아의 복잡성, 그리고 빠른 삶의 변화 속에서, 답을 찾기보다 더 빠르게 주어지는 질문들. 그래서 실존주의 철학자 키에르케고르가 말했듯, "삶은 이해하기 위해 살아지는 것이 아니라, 살아내며 이해하는 것"이라는 말이 떠오른다.

"Who am I"라는 질문은 답을 찾기 위한 도구이기도 하지만, 질문 그 자체가 삶을 더 깊고 풍요롭게 만들어 준다. 자신의 정체성과 존재를 탐구하는 이 질문은 단순한 호기심을 넘어, 인간의 성숙과 성장, 그리고 삶의 방향성을 제공하는 원동력이 된다.

결국, 이 질문은 단순히 자신을 묻는 것이 아니라, 우리가 살아가는 이유, 세상과의 관계, 그리고 삶의 진정한 의미를 탐구하는 끝없는 여정을 의미한다. "나는 누구인가?"라는 질문은 우리의 삶을 더 나은 방향으로 이끌어가는 가장 본질적이고 중요한 출발점이다.

"나는 누구인가?"라는 질문은 정답을 찾는 것이 목적이 아니다. 그것은 끝없이 자신을 돌아보고, 삶의 의미를 찾으려는 여정 그 자체이다. 우리는 이 질문을 통해 자신과 세계를 연결하고, 변화하는 삶 속에서 스스로를 재발견할 수 있게 된다.

존재 이유를 묻는 이 질문은 단지 철학의 문제가 아니라, 모든 인간이 살아가는 이유를 탐구하는 가장 근본적인 여정인 것이다.

# 3

# 현대인에게 던지는 "Who am I"

현대 사회에서 "나는 누구인가?"라는 질문은 기존의 정체성 개념을 넘어 새로운 의미와 가치를 지닌다. 특히 VR과 XR을 넘어 증강현실이 일상에 깊숙이 자리 잡은 지금, 이 질문은 개인의 정체성을 새롭게 정의하고 재발견해야 할 과제로 다가온다.

## 디지털 기술과 정체성의 상호작용

오늘날 디지털 기술은 개인의 정체성 형성과 표현 방식에 깊이 관여하고 있다. 우리가 일상에서 사용하는 미디어 플랫폼(예: 인스타그램, 트위터, 페이스북)은 다중 정체성을 생성하고 관리하는 중요한 도구가 되고 있다.

미디어 플랫폼은 현대인의 삶에서 필수적인 역할을 한다. 이를 통해 행복을 느끼거나 소속감을 확인하기도 하지만, 사용하지 않을 경우 사회적 관계에서 소외될 위험이 존재한다. 현대 사회에서 주목받는 **'N잡러'** 개념 역시 이러한 다중적 정체성과 연결되어 있다.

플랫폼마다 다른 모습으로 자신을 표현하는 현대인은 직장인, 친구, 예술가 등 다양한 정체성을 유동적으로 드러내고 있다. 이는 자아가 단일하지 않고, 상황과 맥락에 따라 변화하는 존재임을 보여준다.

"**새로운 세계가 열린다**"라는 부제로 2009년 상영된 제임스 카메론 감독의 '아바타'는 가상세계를 우리에게 각인시켰다. 메타버스와 같은 디지털 환경에서 사용자가 자신의 정체성을 가상의 아바타를 통해 설계할 수 있음을 보여주었다. 이러한 환경은 외형뿐만 아니라 성격, 취미, 성별, 사회적 지위까지 새롭게 구성할 수 있는 요소로 작용하고 있다.

또 하나의 디지털 공간은 우리에게 익명성이라는 도구를 선사했다. 디지털 공간에서 익명으로 활동할 수 있는 자유는 때로는 자아 탐색의 기회를 제공하지만, 동시에 본래의 자아와는 다른 모습으로 행동할 위험을 수반하고 있다.

더하여 디지털 시대는 우리로 하여금 또 다른 새로운 정체성을 만들어내게 했다. 디지털 사용의 흔적이 우리의 정체성으로 남게 된 것이다. AI 알고리즘이라는 도구를 통해 우리의 디지털 발자국이 우리의 정체성을 형성하고 있다. 검색 기록, 쇼핑 패턴, SNS 활동 등은 개인의 성향과 행동을 드러내며, 기업과 알고리즘은 이를 기반으로 사용자의 프로필을 생성하고 개인화된 광고나 콘텐츠를 제공하고 있다.

알고리즘이 형성하는 우리의 정체성은 우리가 미처 인식하기도 전에 소비하는 정보와 콘텐츠를 선택적으로 필터링하며, 무의식적으로 정체성의 일부를 형성한다. 문제는 데이터로 형성된 정체성이 개인이 통제할 수 있는 범위가 극히 제한적이라는 데 있다. 더 나아가 자신이 누구인지에 대한 통제권을 상실할 위험도 존재한다. 데이터가 분석되고 판매되는 과정에서 개인은 자신을 어떻게 정의할지조차 타인(기업 혹은 기관)에 의해 정의될 위험에 직면해 있다.

소셜 미디어는 우리의 정체성을 표현하고 평가받는 새로운 장이 되고 있다. 한마디로, 소셜 미디어는 자아 표현과 비교의 장이다. 개인이 자신을 전시하는 공간이자, 동시에 타인과 끊임없이 비교하게 만드는 공간이다. 이로 인해 자기존중감이나 자아의식에 긍정적 혹은 부정적 영향을 받을 수 있다. '좋아요'로 대변되는 사회적 인정이 중요한 자양분이 되는 시대를 살고 있다.

특히 젊은 세대에서는 이러한 피드백이 정체성 형성에 직접적으로 영향을 미친다. 또 다른 문제는 디지털 페르소나가 현실과 전혀 다른 이미지를 투영하는 경우가 늘어나고 있다는 점이다. 이는 진정한 자아와 이상화된 자아 사이의 불일치를 초래한다.

디지털 시대의 정체성은 복잡하고 유동적이며, 종종 기술과 데이터에 의해 외부적으로 형성된다.

이러한 환경 속에서 "Who am I"라는 질문은 자기 성찰뿐만 아니라 기술적, 사회적 맥락에서의 자아에 대한 이해를 포괄한다. 현대인은 디지털 세상에서 자신을 재발견하고, 데이터와 알고리즘으로부터 자율성을 확보하며, 진정성을 유지하는 방법을 모색해야 하는 새로운 도전에 직면해 있다.

# 4
# 확장된 자아를 위한 "Who am I"

**"Who am I"라는 질문의 힘은 자아의 확장**(Self-Extension) **개념과 깊이 연관되어 있다.** 이 개념은 철학, 심리학, 그리고 사회학에서 자주 논의되며, 개인이 자신의 정체성과 경험을 넘어 외부 세계와 연결되거나 그것을 자신의 정체성의 일부로 인식하는 과정을 설명한다. 이는 자아가 단순히 신체적 경계에 국한되지 않고, 타인, 사물, 환경, 사회적 관계, 또는 영적인 요소들과 통합된 형태로 확장될 수 있음을 보여준다.

우리는 자신의 소유물을 통해 정체성을 확장한다. 예를 들어, 개인이 자신이 소유한 자동차, 집, 디지털 기기 등을 통해 자아를 확장하는 경우가 있다. 이는 "나의 것"이라는 소유 개념이 자아와 밀접하게 연결되어 있음을 보여주는 사례이다.

또 다른 방식은 사회적 관계를 통한 정체성의 확장이다. 가족, 친구, 공동체와 같은 타인과의 관계는 자아를 확장시키는 중요한 요소이다. 사람들은 자신이 속한 그룹이나 사랑하는 사람들과의 관계를 통해 자신의 정체성을 강화하고 확장한다. 또한, 자연이나 공간과의 연결을 통해 자아를 확장하는 경험도 존재한다. 숲, 바다와 같은 자연환경 속에서 자신을 더 큰 세계의 일부로 느끼며 자아를 확장한 기억이 있을 것이다.

오늘날에는 소셜 미디어, 아바타, 또는 가상현실(VR)과 같은 디지털 환경을 통해서도 자아를 확장하고 있다. 가상 세계에서의 활동은 현실 세계의 자아와 연결되며, 이러한 디지털 경험은 자아 확장의 또 다른 방식을 제시한다. 더 나아가 명상, 종교적 신앙, 또는 초월적 경험을 통해 자신을 더 큰 존재나 우주적 실체와 연결시키며 자아를 초월적으로 확장하는 경우도 있다. 이는 자아의 경계를 넘어서는 독특한 형태의 확장이다.

자아 확장에 관해, 미국의 철학자이자 심리학자인 윌리엄 제임스(William James)는 다음과 같이 말했다.

"우리의 자아는 '**물리적 자아**(Physical Self)', '**사회적 자아**(Social Self)', '**정신적 자아**(Spiritual Self)'로 구성되어 있으며, 우리는 이 자아를 확장하려는 경향이 있다."

정신분석학 대가인 에리히 프롬(Erich Fromm) 역시 "인간은 사랑과 생산적인 활동을 통해 자아를 확장하고, 타인 및 세계와 관계를 형성한다"고 주장했다.

이처럼 우리는 존재의 의미를 끊임없이 탐구하며 자아를 확장하려는 시도를 통해 스스로를 성장시키고 있다. 이러한 과정은 단순히 변화에 그치는 것이 아니라, 자신을 더욱 깊이 이해하고, 때로는 익어가는 삶의 여정으로 이어지고 있다.

# 5
# 우리 세대 속에 녹아 있는 "Who am I"

"Who am I"는 자신의 정체성을 탐구하고 삶의 의미를 찾게 하는 질문이면서, 동시에 세대를 구분하는 기준이 되기도 한다. "Who am I"라는 질문에 답하는 방식과 내용은 세대마다 독특하고 구별된 형태로 나타난다. 현재를 살아가는 세대는 크게 다섯 세대로 나뉜다.

## 베이비붐 세대 / X세대 / 밀레니얼 세대 / Z세대 / 알파 세대

### 1) 베이비붐 세대의 "Who am I"

베이비붐 세대(1946~1964년생)의 "Who am I"는 "나는 내가 속한 공동체다"로 정의된다.

베이비붐 세대의 정체성은 전쟁 후 재건 시기, 가족 중심의 가치관, 그리고 사회적 안정에 대한 열망 속에서 형성되었다. 이들의 자아는 개인적 성취보다는 소속감과 공동체 안에서의 역할로 정의되었다.

따라서 "Who am I"에 대한 답은 "나는 나의 가족, 직업, 그리고 내가 속한 공동체다"로 표현된다. 가족을 부양하고, 사회적 책임을 다하며 안정된 삶을 사는 것이 이들의 자아의 본질적 요소였다.

이 세대는 소유(집, 자동차 등)를 통해 정체성을 표현하고 확장했으며, 자아 탐구 역시 사회적 관계와 물질적 안정에 뿌리를 두었다. 자아 탐구는 내면보다는 외적인 성공과 연결되었다는 특징이 있다.

### 2) X세대의 "Who am I"

X세대(1965~1980년생)의 "Who am I"는 "나는 나의 독립이다"로 정의된다. 이 세대는 집단주의에서 개인주의로 넘어가는 경계에 놓여 있었다. X세대는 전통과 변화 사이에서 성장했으며, 무게 중심을 개인주의와 독립성에 두었다.

"Who am I"라는 질문에 대해 이들은 "나는 나의 선택이다"라고 답한다. 이들의 자아는 직업적 성취, 독립성, 그리고 자기계발을 통해 탐구되고 표현되었다. X세대는 커리어, 개인적인 취미, 그리고 독립적인 공간을 통해 자아를 확장했다.

또한, 컴퓨터와 기술 혁명의 시작을 경험한 세대로, 변화에 적응하며 전통과 새로운 것 사이에서 자아를 조화시키는 방식을 선택했다. 이들의 자아 탐구는 독립성과 자율성을 바탕으로 하면서도 가족과 사회적 책임을 중요하게 여긴다는 특징을 가졌다.

### 3) 밀레니얼(M) 세대의 "Who am I"

밀레니얼 세대(1981~1996년생)의 "Who am I"는 "나는 내가 만든 경험이다"로 정의된다. 디지털 혁명의 혜택을 누린 첫 세대인 이들은 경험과 관계를 중심으로 자아를 탐구했다.

이 세대의 정체성은 고정되지 않고 유동적이며, 다양성을 중시한다. 따라서 이들은 "나는 내가 만든 이야기다"라고 답한다. 여행, 새로운 기술, 취미 등을 통해 자신을 표현하며, 자신이 만든 경험들이 자아를 구성한다고 생각한다.

이들은 소셜 미디어를 통해 자신을 브랜딩하며, 디지털 공간에서 새로운 자아를 창조했다. 또한, 환경 보호, 다양성 존중과 같은 사회적 가치를 자아에 결합하여 세상에 긍정적인 영향을 미치려는 방향으로 자아 탐구를 이해했다.

### 4) Z세대의 "Who am I"

Z세대(1997~2012년생)의 "Who am I"는 "나는 나의 선택과 연결이다"로 정의된다. 디지털과 현실의 경계가 없는 환경에서 성장한 이들의 자아는 다층적이고 실시간으로 탐구된다.

"Who am I"라는 질문에 Z세대는 "나는 내가 선택한 연결이다"라고 답한다. 이들은 디지털 플랫폼에서 자기 표현(아바타, 소셜 미디어 활동)을 통해 자아를 탐구하며, 다양성과 포용성을 통해 자아를 정의한다.

이 세대의 자아는 특정 환경이나 관계에 따라 다른 모습으로 나타나며, 디지털과 현실 세계에서 동시에 이루어진다. Z세대는 자아를 단일한 틀에 가두지 않고, 창의성과 연결성을 중시한다는 점에서 독특하다.

### 5) 알파 세대의 "Who am I"

알파 세대(2013년 이후 출생)의 "Who am I"는 "나는 나의 가능성이다"로 정의된다. 이들은 AI와 IoT로 상징되는 초연결 사회에서 성장했으며, 자아를 고정된 정체성이 아닌 가능성의 집합체로 본다.

알파 세대는 "나는 나의 잠재력이다"라는 답을 내놓는다. 이들에게 자아는 탐구의 대상이 아니라 창조의 대상이다. 디지털 학습, 게임, 가상현실 활동이 이들의 자아 형성에 중요한 역할을 하며, 초연결성과 글로벌 마인드셋 속에서 자아를 발전시켜 가고 있다.

정리하면 "Who am I"라는 질문은 세대마다 다른 맥락으로 구별되는 답을 통해 시대를 나누고, 시대상을 정리하는 데 기여했다. 각 세대의 특징에 대해 연구하고 논의할 수 있었으며, 특히 기존 세대와 다른 MZ세대에 대한 정의와 이해를 가능하게 했다.

동일한 "Who am I"라는 질문을 두고,

- **베이비붐 세대는** 자신을 공동체의 일부로 정의했고,
- **X세대**는 독립성과 선택을 통해 자아를 탐구했다.
- **밀레니얼 세대**는 경험과 이야기를 통해 자아를 표현했으며,
- **Z세대**는 다양성과 연결을 통해 자아를 확장했다.
- **알파 세대**는 가능성의 집합으로 자신을 바라보며 자아를 창조해갈 것이다.

이처럼 각 세대 속에서 자아는 끊임없이 변화하며, 과거와 현재, 미래를 연결하는 다리 역할을 한다. "Who am I"는 세대 간 공통의 질문이지만, 그 답변은 시대의 맥락과 함께 진화하며 각 시대의 모습을 반영한다.

# 6
# "Who am I"를 통해
# 나는 무엇을 얻어야 할까?

"정체성의 성장."

우리는 순간순간 스스로에게 던지는 "Who am I"라는 질문을 통해 정체성을 발전시켜 나갈 것이다. 우리의 정체성은 고정된 것이 아니라, 경험, 배움, 환경의 변화, 관계의 확장과 변화, 그리고 선택에 따라 끊임없이 변화하고 성장하는 역동적인 과정을 거친다. 삶의 매 순간마다 우리는 새로운 질문과 도전 앞에 설 것이며, 이를 통해 스스로를 다시 정의하고 확장할 것이다.

정체성의 성장은 단순히 자신을 바꾸는 것이 아니라, 더 깊은 자기 이해와 조화를 이루는 과정이다. 실패와 성공, 관계에서의 갈등과 화해, 그리고 새로운 배움과 탐구는 모두 우리의 정체성을 더욱 풍부하게 만든다. 또한, 성장하는 정체성은 타인과의 관계 속에서도 상호작용하며 서로의 세계를 넓히는 계기가 된다.

정체성은 완성되는 개념이 아니라, 살아가는 동안 계속 빚어지고 다듬어지는 하나의 여정이다. 성장은 때로 고통스러운 과정일 수 있지만, 이를 통해 우리는 더 진정한 자신과 가까워지고, 더욱 깊이 있는 삶을 살아갈 수 있다. 그 중심에 "Who am I"라는 질문이 존재한다.

그렇다면, "Who am I"라는 질문이 우리의 삶에서 긍정적으로, 그리고 선순환(善循環)으로 작동하게 하려면, 우리는 무엇을, 어떻게 해야 할까?

### 1) 자기 탐구

"나는 무엇을 좋아하는가?", "어떤 가치관이 나를 움직이는가?", "무엇이 나에게 행복을 주는가?" 이러한 질문들에 대해 스스로 자문하며 탐구해 나갈 것이다.

요즘 나는 여유(餘裕)를 좋아한다. 나에게 정직(正直), 열정(熱情), 그리고 긍정(肯定)은 삶을 움직이는 중요한 가치이다. 또한, 누군가와 함께 무언가를 이루어 가는 과정에서 행복을 느낀다는 사실도 깨닫고 있다.

스스로에게 이러한 질문을 던지고 답하며, 순간순간 자신을 바라보는 시간을 가지려 한다. 나의 삶의 가치를 얼마나 소중히 여기며 살고 있는지, 그리고 그 가치를 제대로 이해하고 있는지 살피는 시간을 자주 갖고자 한다.

이를 기록으로 남기는 계획도 세웠다. 멈췄던 일기 쓰기를 다시 시작하려 한다. 자신의 감정, 생각, 경험을 글로 표현하면서 내면의 자신을 들여다보려 한다. 긍정적인 순간들을 기록하고, 다시 도전해야 할 과제를 명확히 정리하며 내면을 탐구하고 자아를 돌아보는 시간을 가질 것이다.

또한, 하루에 몇 분이라도 혼자만의 조용한 시간을 가지며 현재의 자신에게 집중할 것이다. 연초에 제주에서 2박 3일 동안 배운 명상과 마음챙김(Mindfulness)을 실천하며, 내 생각과 감정을 들여다보는 연습을 이어가고자 한다.

## 2) 새로운 경험

"나의 경계를 넓히기"를 목표로, 새로운 취미나 활동을 시도하고자 한다. 익숙하지 않은 분야에 도전하며, 나의 새로운 면을 발견하려 한다. 예를 들어, 악기를 배우거나 그림을 그리며 창의성을 탐구하거나, 해보지 않았던 운동에 도전하며 나의 신체적·정신적 한계를 시험할 것이다.

쉬운 실천으로는 여행과 문화 탐방을 계획하고 있다. 다른 지역이나 국가를 방문해 다양한 문화와 관점을 경험하며, 여행 중 만난 사람들과의 격 없는 교류를 통해 정체성을 새롭게 조명하고자 한다.

조금 더 어려운 실천으로는 학습과 성장을 위해 새로운 기술을 배우거나 책 쓰기와 강의와 같은 활동을 통해 새로운 사람들과 교류하며 나에 대한 이해의 폭을 넓히려 한다. 특히, 요리를 배우는 것도 실천 항목 중 하나로 생각하고 있다.


## 3) 관계를 통한 성장

"사회적 자아 확장하기"를 목표로, 의미 있는 관계를 형성하고자 한다. 나의 삶의 가치를 진심으로 공감해 줄 수 있는 사람들과 친밀한 관계를 맺고, 더 깊이 있는 대화를 나눌 수 있는 환경을 조성하려 한다.

네트워킹과 협업, 동호회나 봉사활동 같은 활동을 통해 다양한 사람들과 협력하며 새로운 관점을 배우고, 정체성을 확장할 기회를 만들고자 한다.


## 4) 가치 중심적 삶 만들기

"나의 삶 핵심 가치 재정의하기"를 통해 삶에서 중요한 선택과 의사 결정을 할 때 기준이 되는 핵심 가치를 명확히 정리하려 한다. 이 가치는 실천하기 쉬운 형태로 구체화하여, 실천 여부를 명확히 확인할 수 있도록 관리할 것이다.

나의 삶의 가치를 반영한 장기적인 목표를 설정하고, 이를 이루기 위한 작은 실천 과제를 매일 반복하며 지속적으로 실행할 계획이다. 이러한 과정은 새로운 성장 동력을 만들어 내며, 삶에 의미와 성취감을 더해줄 것이다.

더 나아가 자신의 삶의 가치를 사회적 책임과 연결하여 확장할 필요가 있다. 환경을 보호하는 삶, 다음 세대의 미래를 위한 삶, 그리고 사회적 약자를 돕는 삶을 구체적으로 실천 방안으로 삼고자 한다. 이를 통해 개인의 가치가 사회적 가치를 포괄하며, 자신과 세상을 함께 성장시키는 방향으로 나아가려 한다.

### 5) 디지털 자아 관리

"디지털 세상 속에 나의 자아를 만든다"는 목표를 세우고, 디지털 공간에서 나의 존재 방식을 점검하려 한다. 현재 내가 디지털 세상 속에서 어떻게 표현되고 있는지, 그 모습이 진정으로 나를 대표할 수 있는지 평가하고, 필요하다면 이를 개선하는 도전을 시작할 것이다.

나의 디지털 발자국은 의도와 계획 없이 형성된 경우도 있을 수 있다. 이를 통해 비대면으로 나를 접하는 사람들이 어떤 메시지를 받고 있는지를 점검하며, 나의 삶의 가치와 연결해 긍정적이고 진정성 있는 자아를 표현하도록 노력할 것이다.

더 나아가, 디지털 세상에 치우치지 않고 균형 잡힌 삶을 위해 자연 속에서 시간을 보내거나, 사람들과의 직접적인 소통을 늘리는 방식을 병행하려 한다. 이러한 과정을 통해 디지털과 현실 간의 균형을 이루고, 나의 자아를 더욱 진정성 있게 만들어 나갈 것이다.

### 6) 인정과 수용을 통한 자기 존중(Self-esteem) 강화

"나의 한계와 장단점을 인정하고 수용하는 자아를 만든다"는 목표로 "Who am I"라는 질문을 활용할 것이다.

스스로를 적극적으로 수용하는 훈련을 실천할 것이다. 긍정은 현실을 있는 그대로 받아들이는 것에서 시작되듯, 자신의 현실을 수용하며 도전할 목표와 개선할 과제를 찾아내고 이를 통해 자아 효능감을 높여 나갈 것이다.

약점이나 실패를 부끄러워하기보다 이를 성장의 기회로 삼고, 완벽하지 않아도 괜찮다는 마음가짐으로 자기 수용력을 키워나갈 것이다. 특히 창의력, 친화력, 분석력과 같은 자신의 강점을 더욱 발전시키기 위한 활동에 집중할 것이다.

이를 위해 주변 사람들에게 피드백을 요청하고, 그 피드백을 바탕으로 자신을 더 깊이 이해하며 자아 성장의 계기로 삼을 것이다. 이러한 과정을 통해 한계를 인정하면서도 자신의 가능성을 확장하는 진정성 있는 자아를 만들어갈 것이다.

### 7) 영적인 성장

"정신적 여유와 영적으로 충만한 자아를 만든다"는 목표로 "Who am I"라는 질문을 활용할 것이다.

이를 실천하기 위해 기도와 명상, 호흡법을 통해 내면으로 더 깊이 들어가는 노력을 기울일 것이다. 호흡을 활용하여 집중력을 높이고, 스트레스를 줄이며, 현재의 상황과 감정을 제대로 들여다보는 훈련을 꾸준히 이어갈 것이다.

"Who am I"라는 질문은 단순히 자신을 탐구하는 데 그치지 않고, 삶의 의미를 찾아가는 데에도 중요한 역할을 한다.

- 내 삶의 목적은 무엇인가?
- 나는 무엇을 위해 살아가는가?

이러한 질문을 통해 자신을 성찰하고, 삶의 방향성을 정립하는 시간을 가질 것이다.

정체성의 성장을 위한 노력은 단번에 변화나 완성을 이루는 것이 아님을 우리는 알고 있다. 그렇기에 우리는 "Who am I"라는 질문을 계속 던지고, 이를 통해 자신을 탐구하며, 새로운 경험을 시도하고, 관계를 통해 배우며, 가치를 중심으로 행동하는 작은 실천들을 꾸준히 쌓아가야 한다.

눈이 소복이 쌓여 무게를 이루듯, 정체성을 확장하고 깊이 있게 만드는 우리의 노력도 꾸준함 속에서 그 힘을 발휘할 것이다.

정체성 성장은 "Who am I"라는 질문을 끊임없이 던지고, 그 답을 찾아가는 여정에서 이루어진다. 이를 열린 마음으로 실천하며, 더 나은 나를 만들고, 스스로를 재발견하는 삶을 살아갈 것이다.

Who am I

**김아영**

# 정체성 확장의 기술

## 넓이와 깊이를 더하는 법

# 1

# 나의 정체성

## AI 시대, 가능성과 한계 탐구

AI 기술은 이제 우리의 삶에 깊숙이 스며들어 단순한 도구를 넘어 하나의 동반자가 되었다. AI는 우리의 일상적인 작업을 자동화하고, 효율성을 극대화하며, 전에는 불가능했던 방식으로 데이터를 분석해 통찰력을 제공한다. 하지만 기술의 발전은 우리에게 새로운 과제를 던진다. 바로, 인간 고유의 가능성과 한계를 탐구하고, 우리의 정체성을 지켜나가야하는 과제이다. 이 장에서는 AI가 제시하는 기회와 한계를 살피며, 인간만이 가지는 고유한 가치와 강점이 무엇인지에 대해 성찰해보고자 한다.

AI는 단순 반복 업무부터 고차원적 계산까지 폭넓은 영역에서 인간의 역할을 보완한다. 한 식품 회사에서 『판촉 로봇』을 도입해 상품 소개와 고객 응대를 자동화한 사례를 살펴보자. 판촉 로봇은 단순히 상품 정보를 전달하는 데 그치지 않고, 고객의 구매 패턴을 분석해 개인화된 추천까지도 제공한다. 그 결과, 상품과 브랜드에 대한 고객의 관심도와 홍보 효과가 크게 향상되었지만, 정작 고객이 예상치 못한 문제를 제기하거나 복잡한 요구를 했을 때는 여전히 인간 직원의 직관과 공감이 필요했다. 이러한 사례는 AI가 제공하는 혁신의 가능성과 한계를 동시에 보여준다고 할 수 있다.

　홍보 및 고객 서비스뿐만 아니라 창작의 영역에서도 인간의 역할은 여전히 더욱 중요하다. AI는 음악, 디자인, 글쓰기 등 창작 작업에서 점점 더 많은 비중을 차지하고 있지만, 최종 결과물에 인간의 감성과 직관이 더해지지 않는다면 사람들에게 깊은 울림을 주기 어렵기 때문이다. AI가 기본적인 멜로디를 생성하더라도, 이를 감성적으로 다듬고 청중과의 연결고리를 만드는 것은 여전히 인간 작곡가의 몫이다. 예컨대, 한 제조 회사의 상품 홍보송 제작에서 AI는 기본적인 멜로디를 제공하지만, 그것을 기획한 직원의 경험과 인사이트가 더해지지 않는다면 고객의 마음을 사로잡는 결과물은 탄생하지 못할 것이다. AI는 빠르고 효율적이지만, 인간의 창의력과 직관력이 없다면 중요한 맥락을 놓칠 수 있다.

　AI와 인간의 강점이 결합된 실제 비즈니스 사례를 하나 더 들자면, 영상 콘텐츠 제작 분야에서의 사례가 있다. 한 크리에이터는 AI 편집 도구를 사용해 단순 반복 작업의 시간을 절반으로 줄이고, 스토리텔링과 같은 창의적 작업에 더 많은 시간을 투자했다. 그 결과, 영상의 품질이 대폭 향상되었을 뿐만 아니라, 자신의 작업 방식을 돌아보고 개선하는 계기를 마련할 수 있었다. 이처럼 AI와 인간이 각자의 강점을 조화롭게 결합할 때, 단순한 효율화를 넘어 진정한 혁신이 가능해진다. 우리는 AI를 인간의 역할을 위협하는 경쟁자가 아닌 협력하는 파트너로 인식해야 한다. AI의 장점을 최대한 활용하면서도, 인간의 고유한 창의성과 직관력을 지속적으로 강화해 나갈 필요가 있다. 이를 통해 우리는 AI 시대에서도 흔들리지 않는 정체성을 확립할 수 있을 것이다.

## 성장하는 팔로워, 흔들리지 않는 리더

**AI 기술의 발달로 리더십과 팔로워십의 개념을 새롭게 정의하고 있다.** 과거에는 리더가 명확한 지시를 내리고 팔로워가 이를 수행하는 수직적 구조가 일반적이었다면, 이제는 각자가 팀과 조직의 목적을 위해 어떻게 기여하고 성장할 수 있는지에 대한 고민이 더욱 중요해지고 있다. AI는 팔로워와 리더 모두에게 새로운 가능성을 열어주는 동시에, 인간적 가치를 재조명하게 한다.

팔로워의 성장에 대해 먼저 살펴보겠다. 과거에는 팔로워십이 단순히 리더의 지시를 따르는 역할로 간주되었지만, AI 시대에는 주도적 참여와 기여를 통해 팀 성과를 이끄는 핵심적인 역할로 변화하고 있다. 예컨대, AI를 활용해 팀 프로젝트의 데이터를 분석하고 통찰을 제공하는 한 팀원이 있다면 그는 단순히 수직적 지시에 따라 업무를 수행하는 것을 넘어, AI 도구를 통해 동료들이 놓치기 쉬운 문제를 미리 발견하고 해결 방안을 제안하며 팀의 성공에 결정적인 기여를 한 것이다. 이제 팔로워는 단순한 수행자가 아니라, 조직의 성과를 증폭시키는 중요한 존재임을 보여준다.

한편, 기술은 데이터를 정리하고 실행 가능한 통찰을 제공하는 데 도움을 주지만, 이를 조직에 적합하게 통합하고 실행하는 것은 여전히 인간의 몫이다. AI 시대의 팔로워는 AI 기술을 활용해 업무를 효율화하는 동시에, 인간적 가치를 결합하여 조직 내 독창적이고 의미 있는 성과를 창출해낼 수 있다.

IT 기업에서 프로젝트 관리 역할을 맡은 한 팀원이 AI 도구를 활용해 실시간 데이터를 분석했다고 가정해보자. 그는 데이터를 기반으로 팀의 작업 속도를 최적화하고, 업무 간 병목 현상을 사전에 파악했다. 하지만 더 중요한 기여는 기술을 통해 생성된 통찰을 팀원들과 공유하며, 문제 해결 과정에서 이들의 의견을 적극적으로 반영해 협업의 질을 높였다는 점이다. 이는 단순한 효율화 이상의 성과를 이끌어내며, AI와 인간적 접근이 결합될 때 어떤 시너지가 가능한지를 보여준다.

리더의 역할과 팔로워의 역할을 동시에 수행하는 경우가 많은 AI 시대에, 서로 보완적인 역할을 성공적으로 수행하려면 인간적인 접근과 결합한 성장 전략이 필요하다. 팀원들과의 신뢰를 구축하고, 정기적인 소통을 통해 의견을 조율하며, AI가 제공하지 못하는 공감과 창의성을 조직 내에서 지속적으로 발휘해야 한다. 이를 통해 AI 시대에도 흔들리지 않는 협업 문화를 조성할 수 있다.

리더십에도 새로운 차원의 도전이 요구되고 있다. AI는 리더들에게 데이터를 기반으로 더 정교한 결정을 내릴 수 있는 도구를 제공한다. 한 신임 리더는 AI를 활용해 팀원들의 업무 데이터를 분석하고 맞춤형 피드백을 제공했다. 반복적이고 시간이 많이 소요되던 작업을 AI에 맡기고, 리더는 팀원들과의 소통과 전략적 계획에 집중할 수 있었다. 그 결과, 팀원들은 업무 효율성을 높이는 동시에, 더 큰 신뢰와 유대감을 형성하게 되었다.

AI 시대의 리더는 기술적 능력뿐만 아니라, 인간적 이해와 공감을 기반으로 팀의 잠재력을 극대화해야 한다. 데이터를 활용해 효율성을 추구하는 동시에, 팀원들의 감정적 니즈를 이해하고, 함께 성장할 수 있는 환경을 조성하는 것이 중요하다. 이는 AI가 제공할 수 없는 인간적 가치를 리더가 지속적으로 발휘해야 하는 이유이기도 하다.

# 2
# 나의 정체성 재발견

## AI와 함께하는 강점 강화

**AI 시대에는 인간의 고유한 강점을 재발견하고 확장하는 것이 필수이다.** AI는 단순히 반복 작업을 줄이는 보조자가 아니라, 인간의 강점을 증폭시키는 협력의 중심으로 자리 잡고 있다.

AI 챗봇을 도입한 고객 상담센터를 살펴보자. 챗봇은 간단한 질문과 요청을 처리하여 고객 대기 시간을 줄이고, 복잡한 문제는 인간 상담사가 맡을 수 있도록 역할을 분담한다. 이를 통해 상담사는 단순 업무에서 벗어나 고객 경험 향상과 문제 해결에 집중할 수 있다. 동시에 AI가 제공하는 표준화된 응대는 고객 만족도를 높이는 경우도 있다. 이는 인간 상담사가 감정적으로 반응해 발생할 수 있는 불만 상황을 방지한 사례로 드러난다.

또 다른 사례로, AI와의 협업은 인간이 자신의 강점을 재발견하고 이를 기반으로 성장할 기회를 제공한다. 한 디자인 회사의 직원이 AI 기반 디자인 도구를 활용해 다양한 시안을 신속히 생성하고, 이를 바탕으로 고객 맞춤형 디자인을 완성했다고 가정해보자. 중요한 점은 AI가 제공한 시안을 단순히 사용하는 것이 아니라, 고객의 브랜드 스토리와 정체성을 반영해 시각적으로 구현했다는 것이다. 이는 AI의 결과물에 인간적 감성과 경험이 더해져야 실질적인 가치를 창출할 수 있음을 보여준다. AI와 협력하면서 자신의 강점을 이해하고 이를 활용해 독창적이고 인간적인 메시지와 브랜딩을 구축하는 과정이 필수적이다.

## 정리와 소통의 강점 활용

효율적이고 명확한 정보 전달은 AI와 인간의 협력을 통해 극대화될 수 있다. AI 도구는 데이터를 요약하고 핵심 메시지를 추출하는 일을 수월하게 해준다. 하지만 상대방의 의도와 맥락을 이해하며 소통하고, 이를 바탕으로 정보를 해석하는 것은 여전히 인간의 고유한 역할이다.

한 글로벌 기업은 AI 기반 회의 요약 도구를 도입해 회의 후 주요 논의 사항과 결정 내용을 빠르게 정리하여 공유했다. 초기에는 효율성이 향상되었지만, 도구의 결과물을 그대로 수용하는 데 의존하면서 의견 차이를 명확히 조율하지 못하는 문제가 발생했다. 이를 해결하기 위해 팀 리더는 AI 요약본을 바탕으로 개별 팀원들과 직접 소통하며 각자의 의견과 맥락을 확인하고 통합했다. 그 결과, 팀원 간의 신뢰가 강화되고 공동의 목표가 명확히 설정되었다.

또 다른 사례로 한 비영리 단체가 AI 도구를 활용해 내부 커뮤니케이션을 개선한 사례가 있다. 이 단체는 부서 간 협업이 필수적인데, AI로 생성된 자료를 신속히 공유하면서도 정기 워크숍을 통해 구성원들의 생각을 나누고 관점을 경청하는 시간을 마련했다. 이러한 접근은 기술적 효율성과 인간적 교류를 조화롭게 결합하여 구성원 간의 결속력을 강화했다.

결국, AI가 제공한 데이터를 기반으로 의견을 조율하고 공통된 목표를 도출하는 과정은 단순한 정보 전달을 넘어 깊은 유대감을 형성한다. AI는 정리된 데이터를 제공하지만, 이를 바탕으로 깊이 있는 소통과 공감을 통해 관계를 다지는 것은 인간의 몫이다. 이 과정은 조직 문화를 형성하고 유지하는 데 중요한 역할을 한다.

# 3

# 나의 정체성 확장

## 긍정적 영향력

AI 시대는 개인의 성장이 조직과 사회에 더 큰 영향을 미칠 수 있는 환경을 조성한다. 기술과 데이터를 활용하여 자신의 잠재력을 극대화하고, 조직과 사회가 필요로 하는 가치를 창출하는 과정에서 정체성은 더욱 확장될 수 있다.

AI를 활용한 데이터 분석가는 빅데이터를 분석하여 지역 사회의 교통 혼잡 문제를 해결하는 데 기여했다. 그는 복잡한 데이터를 AI의 도움으로 쉽게 이해하고, 시뮬레이션을 통해 다양한 대안을 비교 분석하여 지역 주민들의 편의를 극대화하는 솔루션을 제안했다.

이 과정에서 그는 자신의 전문성을 사회적 가치를 실현하는 데 적용하며, 개인의 정체성을 확장할 수 있었다. 이러한 사례는 개인의 노력이 조직과 사회 전체에 긍정적인 영향을 미칠 수 있음을 보여준다.

AI는 전문성을 발전시키는 강력한 도구로, 개인이 자신의 성장을 이루도록 돕는다. 또한 이를 통해 사회적 가치를 창출하며 더 나은 결과와 영향력을 발휘할 수 있게 한다.

## 실패 속에서 얻는 성장의 기회

AI는 성공뿐만 아니라 실패의 경험에서도 **귀중한 파트너**가 될 수 있다. 실패는 학습과 성장을 위한 기회이며, AI와의 협력을 통해 이를 더욱 효과적으로 활용할 수 있다.

어느 스타트업의 데이터 분석가는 고객 데이터를 해석하던 중 AI를 통해 초기 단계에서 데이터 처리 오류를 발견했다. 이로 인해 큰 시행착오를 겪었지만, 그는 이 경험을 바탕으로 시스템을 개선하여 프로세스를 최적화하는 데 성공했다. 이 과정에서 조직 내 신뢰를 회복했을 뿐 아니라, "실수는 학습의 기회"라는 메시지를 전하며 조직 내 지속적인 학습 문화를 조성하는 데 기여했다.

한 제조업체의 품질관리 팀은 AI 도구를 사용해 초기 결함율 분석을 수행했으나, 데이터를 과신한 나머지 현장의 맥락을 놓쳐 최종 제품 불량이 발생한 경험이 있다. 이 실패를 통해 팀은 AI 분석 결과와 인간적 판단을 균형 있게 결합해야 한다는 중요한 교훈을 얻었다. 이후 팀은 더욱 신뢰성 높은 품질 관리 프로세스를 구축하며, 실패 속에서도 성장의 기회를 찾아내는 사례를 보여주었다.

AI는 데이터를 분석하고 결과를 제공하지만, 그것을 어떻게 해석하고 적용할지는 인간의 몫이다. 성찰은 단순히 과거를 돌아보는 데 그치지 않고, 미래를 준비하는 중요한 도구가 된다. 이를 통해 개인과 조직은 더욱 성숙한 방향으로 나아갈 수 있다.

## 깊이와 넓이를 더하는 정체성

정체성을 확장하는 과정은 단순히 전문성을 쌓는 것에 그치지 않고, 인간적 깊이와 사회적 넓이를 더하는 것을 의미한다. 이는 경험과 성찰을 통해 이루어진다. AI를 활용한 의사결정 도구가 발전하면서, 리더들은 더욱 신중한 결정을 내릴 수 있게 되었지만, 데이터에만 의존해서는 충분하지 않다. 리더는 경험에서 우러나온 지혜와 직관을 결합하여 더 나은 결정을 내려야 한다.

한 연구자의 사례를 보자. 그는 AI 기반 데이터 분석 도구를 활용해 연구 시간을 절반 이상 단축하고, 남은 시간을 활용해 인간 행동의 심리적 패턴을 깊이 탐구하였다. 이를 통해 그는 분석 결과를 사회적 문제 해결에 적용하며 실질적인 변화를 만들어냈다. 그의 연구는 개인적인 성과를 넘어 공공정책 개선과 같은 사회적 문제 해결에도 기여하였다.

우리는 AI를 기술적 도구로 활용하며, 인간적 가치를 중심에 둔 정체성을 확립해야 한다. 리더로서, 사회 구성원으로서 우리의 역할은 단순히 효율성을 높이는 것을 넘어 사람과 사회를 연결하고 더 큰 가치를 창출하는 데 있다. AI는 우리의 능력을 확장시키는 도구일 뿐이며, 그 가치를 결정짓는 것은 바로 인간이다.

AI 시대는 새로운 도전과 기회를 동시에 제공한다. 이를 효과적으로 활용하고 스스로의 정체성을 확립하며 성장하는 것은 개인의 성공뿐만 아니라 사회 전체의 번영에도 중요한 기여를 할 것이다.

Who am I

**이소민**

# AI 시대의 본질적 질문

## '인간다움'

# 1
# AI 시대의 변화 속
# 정체성 확립을 위한 질문, '~다움'

## AI 시대에 던지는 질문,
## '인간다움'

AI 도구가 우리의 삶에 깊숙이 스며들며 일과 삶의 효율성을 극대화하고 있다. 효율성의 의미는 단순 노동의 대체만을 의미하지 않는다. AI 도구는 선택의 폭을 확장해주며, 치밀한 분석의 과정과 복잡한 의사 결정의 과정에도 기꺼이 참여하고 꽤 괜찮은 결과물을 제시한다. 인간의 많은 수고를 덜어준 셈이지만, 그만큼 인간의 기여와 역할이 축소됨을 의미하기도 하다. 기술 진보의 편리에 감탄하던 우리는 그래서 곧 다음과 같은 질문에 맞닥뜨리게 된다. "AI가 우리의 일과 선택을 대신한다면, 나는 무엇을 해야 하는가?", "AI가 나의 역할을 대신할 수 있다면(대신할 뿐 아니라 그 결과가 더 우수하다면), 결국 나는 무엇을 함으로써 나의 존재 가치를 입증해야 할 수 있는가?" 이 질문은 기술이 발전함에 따라 결국 더 깊은 질문으로 이어진다. "(누구도 무엇도 대체할 수 없는 '나'로서) '나'는 누구인가?", "AI 시대에도 나는 나답게 살아갈 수 있을까?"

생성형 AI 도구의 등장은 우리의 삶을 편리하게 해주었지만, 동시에 우리로 하여금 '나답게' 살아가기 위한 본질적인 고민으로 이동하게끔 하였다고 볼 수 있다.

나 또한 같은 질문에 사로잡혀 왔다. 생성형 AI 도구의 대표격인 ChatGPT와 약 2년간 밀접하게 소통하며, 이전에는 상상할 수 없었던 속도감으로 일을 처리하면서 커리어와 삶의 방향성에 대해 더욱 깊이 고민하게 되었다. 특히, 나의 존재 이유, 나의 쓸모에 대해 주목하게 되며 나의 특질과 캐릭터, 즉 '나다움'에 대한 질문이 점점 커졌다.

"너답게 행동해라.", "너는 왜 그렇게 하지 않니?", "그건 너답지 않아." 살면서 한 번 이상은 이런 말을 들어봤을 것이다. 가족, 친구, 선생님이 묻던 이 질문은 사회에 나와 일을 하게 되며 동료와 상사와의 상호작용의 과정에서도 이어졌을 것이다. 나 역시 같은 질문을 심심찮게 들어왔다. 그때마다 "그래? 나답다는 게 뭐지?"라고 되물으며 나다움을 제대로 이해하지 못했음을 새삼 깨닫곤 했다.

보편적으로 "학생답다", "직장인답다" 등의 "~답게", "~답다"라는 말들의 속 뜻을 들여다보면 그 의미가 외형적 묘사나 주위 환경이 기대하는 태도에 가까운 경우가 많다. 이를테면, "학생답게 열심히 공부해라.", "직장인답게 ㅇㅇ을 준수하고 성실하게 일과를 수행한다."와 같은 식이다. 내가 나를 들여다볼 때도 이에 크게 벗어나지 못했던 듯 하다. '나답게?'에 대해 물을 때 말의 본질을 깊이 고민하기보다는 타인의 기대와 기준 속에서 그 답을 찾으려 했던 것은 아닌가 싶다.

그러나 '나답게'란, 개인적 성향에 충실하려 하거나, 남들의 기대를 충족시키는 것만을 뜻하지 않는다. '나답게' 산다는 것은 내가 가진 고유한 가치를 기반으로 세상과 연결되고, 나만의 의미를 창출하는 과정을 뜻한다. 스스로의 정체성을 이해하고, 타인과의 관계 속에서 그것을 조화롭게 실현하는 삶의 방식을 찾는 것이다.

'나답다'는 것은 나의 본질적인 가치와 정체성을 기반으로 세상과 연결되며, 지속 가능한 영향을 만들어가는 과정이다. AI 시대에 이 질문은 더욱 중요해지고 있다. '나의 의미'를 이해하고 창출하는 과정을 통해 존재 가치와 역할을 명확하게 정의 내리고 대체 불가능한 역할을 새롭게 창출하지 못한다면 일상적으로 해 온 많은 일들이 AI에 대체되어, 심한 경우 설 자리를 잃고 헤매게 될 것이다. 어떤 일을 해도 AI의 속도와 결과물을 따를 수 없어 공허할 것이다. 하지만 분명한 것은 AI가 대체할 수 없는, 인간만이 할 수 있는 영역이 존재한다는 것이고 그 영역에서 나만의 가치가 빛을 발하는 부분도 분명히 있다는 것이다. 그 영역을 찾는 노력이 시급하다. 즉, 기술이 발달할수록 인간으로서의 고유한 가치를 탐구하고 실현하기 위한 더 깊은 노력과 성찰이 필요하다.

다시 처음의 질문으로 돌아가자면, "AI가 이토록 많은 것을 대신한다면, 나는 왜 존재해야 하는가?", "나는 AI 시대에서 어떻게 나 자신의 존재 가치와 필요 가치를 증명할 수 있을까?"라는 질문이 우리에게 주어진 풀어야 할 숙제라고 할 수 있을 것이며, 이 숙제를 풀 수 있는 과정에는 '나다움'에 대한 고찰이 필요하다. '나다움'은 유행이나 타인의 선호와 같이 상황에 맞춰 대처 방안을 모색해야 하는 방편이 아닌 어떤 환경에서도 이탈없이 꾸준하게 나아갈 수 있도록 이끌어주는 나침반이기 때문이다. '나다움'에 대해 톺아보는 질문은 결국, "AI 시대, 어떻게 하면 흔들림 없이 나답게 살 수 있을까?"라는 질문과 함께 오늘의 내가 택할 선택과 실행을 추동하는 발판이 되어줄 것이다.

## AI 시대의 도전과 인간의 본질을 찾기 위한 질문

전술한 바와 같이 AI는 놀라운 속도로 발전하며 인간의 삶에 편리함을 더하고 있다. 효율성을 극대화하며 선택의 범위를 확장하고, 데이터를 분석하거나 의사결정을 자동화하며, 복잡한 문제를 빠르고 쉽게 해결하는 능력을 보여준다. 심지어 AI는 인간의 역할을 대신하는 시대를 열었다.

그러나 기술이 우리의 문제를 해결해주는 시대에도 "왜 살아야 하는가", "무엇을 해야 하는가", "어떻게 그것을 실현해야 하는가"라는 질문은 여전히 인간만이 답할 수 있는 영역으로 남아 있다. "왜" 해야 하는지에 대한 질문은 오직 인간만이 던질 수 있다.

이 "왜"라는 질문은 우리의 행동을 단순한 성과로 정의하지 않고, 그 행동이 세상과 사람들에게 어떤 의미를 가져다줄지 고민하게 만든다. 결국, '인간다움'의 본질은 이러한 질문에서 시작된다.

# 2

# IN-framework
## WHY, WHAT, HOW를 재정의하는 仁, 人, 因

### AI 도구의 역할의 한계와 인간 중심 가치 판단의 의의

**AI는 인간의 보조 역할을 넘어 주요 의사결정에 깊숙이 관여하고 있다.** 기업과 개인은 AI 도구를 통해 데이터를 분석하고, 의사결정을 자동화하며, 효율성을 극대화한다. 그러나 기술이 모든 것을 대신할 수는 없다. AI는 "무엇"을 해야 하는지 보여줄 수 있지만, "왜" 해야 하는지에 대한 질문은 인간만이 답할 수 있다.

### IN-framework: IN(仁: WHY) – IN(人: WHAT) – IN(因: HOW)

우리는 살면서 '왜, 무엇, 어떻게'와 자주 마주한다. 그래서 내가 몰두한 것은 '왜, 무엇, 어떻게'를 건강하고 바람직하게 질문하는 방법이었다. 이 질문에 대해 깊이 고민하며 만들어낸 것이 나만의 생각 정리-확장 도구이며, 이를 체계화하고 도식화한 것이 나의 의사결정과 행동을 이끄는 'IN-framework'이다.

AI 시대의 복잡한 문제를 해결하려면 근본적인 질문에서 출발해야 한다. 이 프레임워크는 단순하지만 본질적인 세 가지 질문 '왜, 무엇, 어떻게', 즉 'WHY-WHAT-HOW'에서 시작된다.

이 세 가지 질문 중 우선해야 하는 질문은 "왜?"이다. "왜(WHY)" 질문은 주체가 문제에 몰입하게끔 이끌어 주기 때문이다.

- '왜 해야 하는가?'
- '그것은 주체인 나에게 어떤 의미가 되는가?'

이 질문들에 대한 답을 찾으면 자연스럽게

- '그것을 달성했을 경우 얻을 수 있는 이득은 무엇인가?'

와 같은 질문, 즉 무엇(WHAT) 질문으로 연결이 되며, 이러한 질문은 우리를 움직이게 한다. 여기서 우리를 움직이게 하는 원동력, 즉 동기를 부여하는 것은 바로 '명분(名分, Cause)'이다. '명분'은 국립국어원 표준대사전에 따르면 '각각의 이름이나 신분에 따라 마땅히 지켜야 할 도리'를 뜻한다. 위키백과에서는 '일을 꾀하면서 내세우는 정당한 이유나 규범'으로 정의한다. 과거에는 신분적 권리와 의무를 차등화하는 도구로도 기능했으며, 현대에서는 의미가 확장되어 '나의 목적 동기'로 작동하기도 한다. 목적 동기에서 가장 중요한 것은 특정 행위에서 내가 얻을 수 있는 이익이다. 이는 물리적인 이득일 수도 있고 형이상학적인 이득일 수도 있다. 이 이득은 '무엇(WHAT)'으로 정의된다. 결국, 명분은 '왜(WHY)'와 '무엇(WHAT)'을 명확히 하는 과정에서 나타나며, 이 두 가지가 분명할 때 우리는 효과적이고 효율적인 해결책(HOW)으로 나아갈 수 있다.

이 '왜, 무엇, 어떻게(WHY-WHAT-HOW)'로 이어지는 생각의 흐름에 나는 '인(IN)'이라는 동기 요인을 포함시켰다. 그 출발은 나의 호에 있다. 나의 호는 '우인(友仁)'이다. 『논어』에서 증자는 "君子는 以文會友(군자는 학문과 글로써 벗하며) 以友輔仁(벗함으로써 서로의 인덕을 닦는다)"라고 하였다. 여기에서 영감을 받아, '以文會友, 以友輔仁'을 기반으로 '우인(友仁)'이라는 호를 만들었다. 이는 동행과 상생의 가치를 중요하게 여긴 내가 20대부터 사용해 온 것이며, 그것을 생각과 행위의 실천에 늘 포함하고자 하였다.

가령, 몇 년 전 설립한 컨설팅 펌(consulting firm) '인솔루션랩(Insolution Lab.)'은 'IN + SOLUTION + LAB'의 조합으로, 나의 호 '우인'에 담긴 세 가지 핵심 가치, 즉 '인'에서 출발하는 철학을 바탕으로 한다.

- **어짊(仁):** 사람을 사랑하며 윤리적이고 올바른 행동을 지향하는 것이다. 이는 조직 내에서 신뢰와 관계를 구축하는 데 필수적인 가치이다. 타인을 사랑하고 어질게 행동하는 일은 이상적 상태에 도달하기 위한 윤리적 덕목이자 덕(德)의 기초라고 자의적으로 해석한다.
- **사람(人):** 사람을 중심에 두고, 사람에 의해, 사람을 위해 문제를 해결한다는 원칙이다. 이는 모든 활동과 결정에서 인간 중심의 접근 방식을 강조한다.
- **말미암음(因):** 모든 문제는 그 자체 안에 해결책을 포함하고 있다는 신념에서 출발한다. 문제를 깊이 들여다보고, 그 안에서 해법을 발견하는 것이다. 즉, 모든 문제는 스스로 해결책을 품고 있다는 믿음이다.

이와 같은 가치관을 담고 있는 '인' 이라는 단어와 동음이자 또다른 뜻을 담고 있는 영단어 전치사 'in'은 '(어떤 물체·지역·물질·시간·분야·상태·감정·혹은 그 외 추상적 개념이나 상황) 안[속]에' 혹은 '~안[속]으로', '들어간다'는 의미를 담고 있다. 따라서 'in'은 존재, 몰입, 연결을 상징하며, 펌(firm)의 정체성을 대변한다.

가치관을 행동으로 연결하는 실행 지침은 다음과 같은, 'in~'으로 시작하는 행동 지침이다.

## IN(仁)

### WHY: 왜 ~을 하는가?

존재와 행동의 이유를 탐구한다.
• Integrity: 투명성과 윤리적 행동을 통해 신뢰를 구축한다.
• Inspiration: 공감과 목적 중심의 리더십으로 나 자신과 타인을 동기 부여한다.

## IN(人)

### WHAT: 무엇을 이루고자 하는가?

인간 중심적 목표를 설정한다.
• Insightfulness: 깊고 넓은 사고와 장기적 관점으로 목표를 설계한다.
• Inclusiveness: 다양성을 존중하며 협력을 통해 공감대를 형성한다.

## IN(因)

### HOW: 어떻게 실행할 것인가?

조화로운 실천 전략을 수립한다.
• Initiative: 책임감 있게 행동하며 바람직한 변화를 주도한다.
• Innovation: 창의적 사고와 적응적 태도로 조화로운 변화를 만들어 간다.

In-framework: IN(仁)-IN(人)-IN(因)

IN(仁)

WHY: 왜 ~을 하는가?
존재와 행동의 이유
Intergrity & Inspiration

IN(因)

HOW: 어떻게 실행할 것인가?
조화로운 실천전략
Initiative & Innovation

IN(人)

What: 무엇을 이루고자 하는가?
인간 중심적 목표
Insightfulness & Inclusiveness

'왜, 무엇, 어떻게(WHY-WHAT-HOW)'와 가치관을 연결한 세 가지 질문, 'IN(仁: WHY) – IN(人: WHAT) – IN(因: HOW)'의 프레임워크는 내 삶의 이유, 목표, 실행 방법을 체계적으로 정리하여 AI 시대에도 인간다움을 잃지 않고 중심을 잡고 나아갈 수 있도록 만든 삶의 나침반이다.

첫 번째 IN(仁: WHY)

WHY는 존재의 이유와 행동의 목적을 묻는다.

• "왜 이 일을 하는가?"
• "나의 선택이 사람들과 세상에 어떤 가치를 가져다줄 수 있는가?"

WHY가 명확하지 않으면 우리의 행동은 쉽게 방향성을 잃고 표류하게 된다. WHY는 단순히 개인적인 동기를 넘어서, 우리의 삶과 조직, 더 나아가 사회에 긍정적인 영향을 미치는 목적을 설계하는 질문이다. 이는 행동의 근본적인 이유와 가치를 명확히 함으로써 지속가능한 동기를 부여한다.

### 두 번째 IN(人: WHAT)

WHAT은 WHY를 구체적인 목표로 바꾼다.

- "내가 이루고자 하는 결과는 무엇인가?"
- "이 결과가 사람들과 조직에 어떤 의미를 줄 것인가?"

WHAT은 WHY가 설정한 방향성을 실질적인 행동으로 연결한다. 이를 통해 목표는 실현 가능해지고, 의미 있는 결과를 창출할 수 있다. WHAT은 단순한 결과를 넘어 인간 중심적 가치를 반영한 목표 설정을 가능하게 한다.

### 세 번째 IN(因: HOW)

HOW는 WHY와 WHAT을 구체적인 실행으로 옮기는 방법이다.

- HOW는 단순히 실행 전략에 그치지 않고, 지속 가능성과 윤리적 책임을 강조한다.
- HOW는 목표를 이루는 과정에서 효율성과 인간다움을 결합하며, 결과의 장기적 가치를 고민한다.

이를 통해 HOW는 개인과 조직이 단기적인 성과를 넘어 지속적인 성장과 조화로운 변화를 이루는 방법론이 된다.

## IN(仁: WHY) - 왜 살아가고 행동하는가?

"왜(WHY)"는 단순한 질문이 아니라, 우리의 행동과 존재에 의미를 부여하는 가장 근본적인 탐구이다. 이는 모든 행동의 이유와 동기를 밝히는 출발점이 된다. WHY가 없으면 우리의 행동은 방향성을 잃기 쉽고, 목적 없는 노력으로 끝날 수 있다. WHY는 "왜 이 일을 해야 하는가?"라는 질문을 통해 "이 결정과 행동이 사람들과 세상에 어떤 가치를 가져다줄 것인가?"와 같은 깊이 있는 질문을 던진다.

WHY는 개인의 정체성을 강화하는 동시에 조직과 사회가 나아가야 할 방향을 제시한다. WHY가 명확하지 않을 경우, 개인과 조직은 단기적인 성과에만 집중하게 되어 장기적인 비전과 가치를 놓치기 쉽다. WHY는 우리가 하는 모든 행동의 방향을 결정하며, 단순한 개인적 욕망의 충족이 아니라, 세상과의 관계를 정의하는 중요한 기준이 된다. WHY를 통해 우리는 행동의 근본적 의미와 선택의 영향을 폭넓게 성찰할 수 있다.

다음은 WHY를 중심으로 한 질문들이다. 이 질문들은 우리의 삶과 행동의 근거를 성찰하고, 더 나은 선택과 행동을 유도하는 데 도움을 준다.

- "나는 왜 사는가?"
- "나는 왜 이 언행/의사결정을 선택했는가?"
- "나는 왜 이 일을 하는가?"
- "이 일을 통해 나는 어떤 성장을 이룰 수 있을까?"
- "이 결정을 내림으로써 내가 추구하는 궁극적인 목표는 무엇인가?"
- "내가 이 일을 하지 않으면 어떤 일이 발생할까?"
- "이 선택이 나의 신념이나 가치관과 얼마나 일치하는가?"

- "이 행동이 내 삶의 장기적인 방향성과 얼마나 맞닿아 있는가?"
- "나는 이 일을 통해 어떤 문제를 해결하려고 하는가?"
- "내가 이 일을 해야 한다고 느끼는 이유는 무엇인가?"
- "이 행동이 내 주변 사람들의 삶에 어떤 긍정적이거나 부정적인 영향을 미칠 수 있을까?"
- "이 일을 하는 것이 나의 현재와 미래를 어떻게 변화시킬 수 있을까?"
- "이 선택이 내가 속한 공동체나 조직에 어떤 기여를 할 수 있을까?"
- "이 선택이 나와 주변 사람들에게 어떤 영향을 미칠 것인가?"

특히 AI 시대에서 WHY는 윤리적 선택과 밀접한 관련이 있다. AI는 데이터를 기반으로 효율성을 제공하지만, 선택의 윤리적 결과에 대한 책임은 오롯이 인간에게 있다. WHY는 인간이 이러한 윤리적 책임을 성찰하고, 더 나은 선택을 할 수 있도록 돕는 지침이 된다. AI 기술의 발전 속에서 우리의 WHY는 인간다움과 가치를 유지하는 데 핵심 역할을 한다.

### IN(人: WHAT) – 무엇을 이루고자 하는가?

"무엇(WHAT)"은 WHY에서 출발해 실현 가능한 구체적인 목표를 설정하는 과정이며, WHY를 구체적인 결과물로 변환하는 단계이다. WHAT은 단순히 해야 할 일을 나열하는 것이 아니라, 그 목표가 나 자신과 사람들에게 어떤 의미 있는 변화를 가져오는지를 깊이 질문하는 데 그 의의가 있다. WHY가 행동의 본질적 이유라면, WHAT은 이를 실행 가능한 목표로 바꾸는 과정으로, WHY의 이유를 실현하는 핵심적인 역할을 한다.

WHAT은 우리의 행동을 구체화하고 결과를 시각화하며, 행동 계획을 세우는 기초가 된다. WHAT을 통해 우리는 목표와 그 의미를 보다 명확히 하며, 이를 통해 행동의 방향성과 성과를 구체적으로 그려낼 수 있다.

다음은 WHAT을 중심으로 목표와 그 결과를 심층적으로 탐구할 수 있는 질문들이다.

- "내가 이루고자 하는 결과는 무엇인가?"
- "이 결과가 내 개인적인 성장이나 발전에 어떤 영향을 미칠 것인가?"
- "내가 이 결과를 이루기 위해 필요한 핵심 자원이나 지원은 무엇인가?"
- "이 결과가 사람들에게 어떤 가치를 전달할 것인가?"
- "이 결과가 내 주변 사람들과 조직에 어떤 변화를 가져올 것인가?"
- "이 결과가 단기적으로나 장기적으로 어떤 영향을 미칠 것인가?"
- "이 결과를 이루기 위해 내가 포기하거나 타협해야 할 것은 무엇인가?"
- "이 결과가 내 가치관과 비전에 얼마나 부합하는가?"
- "이 결과를 통해 내가 증명하고자 하는 것은 무엇인가?"
- "이 결과가 달성되었을 때, 나는 어떤 감정을 느낄 것인가?"
- "내가 이 결과를 이루지 못한다면 어떤 기회나 가능성을 잃게 될 것인가?"

WHAT은 단순히 행동을 실행 가능한 단위로 나누는 것에서 그치지 않는다. 목표의 중요성과 그 결과가 개인과 조직, 그리고 사회에 미칠 영향을 심층적으로 이해하고 평가하는 데 도움을 준다. 이를 통해 우리의 행동이 인간 중심적이며 지속 가능한 방향으로 나아가게 한다.

AI 시대의 WHAT은 단순히 성과를 높이는 것을 넘어 사람들에게 의미 있는 변화를 만들어내는 데 초점을 맞추어야 한다. 우리는 AI 기술을 활용해 효율성과 성과를 높일 수 있지만, 이러한 목표의 진정한 가치는 사람들이 체감할 수 있는 긍정적 변화와 연결될 때 빛난다. 따라서 WHAT은 목표를 설정하고 실행하는 과정에서 인간 중심적 접근을 유지하며, 개인과 조직이 함께 지속 가능한 발전을 이루는 데 기여하는 것에 초점을 맞추는 것이 좋다.

## IN(因: HOW) – 어떻게 실행할 것인가?

"어떻게(HOW)"는 WHY와 WHAT을 현실로 구현하기 위한 실행 전략이며, 목표를 실질적으로 달성하기 위한 구체적인 방법과 접근 방식을 제시한다. HOW는 단순히 실행 방법을 제안하는 것을 넘어, 지속 가능성과 윤리적 책임을 고려하는 방식으로 목표를 실현할 수 있도록 돕는 질문이다. 이는 장기적인 성과와 더불어 개인과 조직, 사회에 의미 있는 가치를 창출하는 기반이 된다.

HOW는 우리의 목표를 달성하기 위해 필요한 자원과 도구, 실행 계획을 명확히 하며, 구체적이고 실현 가능한 실행 방안을 제공한다. 또한, 실행 과정에서 발생할 수 있는 위험 요소를 관리하고, 목표를 지속 가능하고 책임감 있는 방식으로 이루는 데 필요한 전략을 설계한다.

HOW를 구체화하기 위한 질문은 다음과 같다:
• "이 목표를 달성하기 위해 필요한 자원은 무엇이며, 이를 어떻게 효과적으로 확보할 것인가?"
• "이 목표를 실행하기 위한 첫 번째 구체적인 단계는 무엇인가?"

- "이 과정에서 발생할 수 있는 잠재적 위험을 어떻게 관리할 것인가?"
- "현재 이용 가능한 도구와 기술 중 어떤 것을 활용할 수 있는가?"
- "이 목표를 실행하는 동안 지속 가능성을 어떻게 보장할 것인가?"
- "구성원들과의 협력을 어떻게 최적화하여 목표를 달성할 것인가?"
- "AI와 같은 기술적 도구를 어떻게 활용하여 실행 속도와 효율성을 높일 것인가?"
- "AI가 제공하는 실행 방법이 윤리적이고 인간 중심적 가치에 부합하는 것인가에 대해 어떻게 검증할 것인가?"
- "목표 달성을 위해 필요한 행동을 일상적으로 어떻게 루틴화할 것인가?"
- "이 목표를 실행하며 사회적, 환경적 책임을 어떻게 다할 것인가?"
- "성공적인 실행을 위해 내가 반드시 배워야 하거나 익혀야 할 기술은 무엇인가?"
- "실행 과정에서 발생하는 문제를 신속하게 파악하고 개선하기 위해 어떤 피드백 시스템을 구축할 것인가?"

특히, AI 시대에서의 HOW는 기술과 인간의 협업이 필수적이다. AI는 실행 속도와 효율성을 극대화할 수 있는 도구를 제공하지만, 그 방법이 윤리적이고 인간 중심적인지 판단하는 것은 인간의 역할이다. AI를 활용한 HOW는 인간의 창의성과 판단력을 보완하면서도, 기술적 효율성에 지나치게 의존하지 않도록 균형을 유지해야 한다. 더불어 사회적, 환경적 책임을 다하는 실행 전략을 포함해야 한다. 지속 가능한 실행 방식과 윤리적 판단을 기반으로, 목표를 단기적인 성과로 제한하지 않고, 장기적으로 긍정적인 변화를 현실화하는 데 중요한 역할을 한다. 이를 통해 기술적 진보와 인간 중심적 가치의 조화를 이루는 것이 현대적 HOW의 핵심이다.

# 3

# AI 시대, 인간답게 그리고 나답게 살기 위한 질문

## AI 시대를 인간다움의 발전으로 이끄는 질문

AI 시대는 무한한 가능성의 세계를 열어 우리의 삶과 상호 작용하는 방식을 변화로 이끌었다. 그러나 기술이 발전함에 따라 우리는 인간으로서 산다는 것이 무엇을 의미하는지에 대한 근본적인 질문에 직면하게 되었다. AI는 데이터를 기반으로 하는 '무엇'과 '어떻게'에 대한 질문에 답하는 데에는 탁월함을 발휘하지만, 의사 결정을 이끄는 목적과 가치인 '왜'라는 깊은 질문은 인간 고유의 영역으로 남아 있다.

이 글을 읽고 있는 당신에게 권한다. 스스로에게 "내가 왜(WHY) 이 일을 하고 있지?"라고 질문을 건네보라. 일을 하는 이유에 대해 찾는 과정 중에 일차적인 근거 나열에서 출발하여 질문이 꼬리를 물고 확장되며 일의 목적과 방향, 삶의 목적과 방향을 탐구하는 출발점을 발견할 수 있을 것이다. 이 질문에서 출발해 "무엇(WHAT)을 위해 이 일을 하고 있는가?"를 검토하고, 그 목표와 기대 결과가 "왜(WHY)" 질문에서 톺아본 나의 핵심 가치와 일치하는지 확인해보자. 그런 다음 "어떻게(HOW) 해야 할까?"라는 질문으로 실천 계획을 구체화하길 바란다. 이 바람의 근거는 이러하다. 예를 들어, 우리가 문제 해결을 위해 ChatGPT와 같은 도구에게 질문하면 2분 안에 수백 가지의 아이디어를 얻을 수 있다. 하지만 이 수많은 아이디어가 모두 가치 있는 것은 아니다. 아이디어의 가치 여부는 "왜?"라는 질문과 연결되어 판단된다. 가치 판단을 후행하게 되면, 일의 과정이 잘못되어 처음으로 다시 돌아가 처음부터 문제 해결의 과정을 다시 밟아야 할 수도 있다. 즉, "왜?"라는 질문이 "어떻게?"보다 앞서야 하는 이유는 문제 해결의 과정과 결과에 대한 명확성을 확보하고 충동적이거나 잘못된 결정을 피할 수 있게 하기 때문이다. 목적을 이해하지 못하는 행동은 명확한 방향이 없어 일관적이지 않거나 예측 못한 장애물에 의해 쉽게 방향성을 잃을 수 있다. 따라서 "왜?"라는 질문은 모든 과정의 선행 요건이 되어야 한다. 가치 판단의 기준이 되기 때문에 "왜(WHY)"는 문제 해결과 의사 결정의 과정과 결과를 평가하는 기준이 되기도 한다.

"왜?"라는 질문에서 시작해 "무엇을 해야 하는가?"를 검증하고, "어떻게 해야 하는가?"로 이어지는 질문의 연속은 목적 지향적이고 효율적인 행동 체계를 만들어준다. 버니스 매카시의 연구에 따르면, "왜?"를 먼저 이해하면 개인의 경험과 가치를 연결시켜 내적 동기를 자극하고, 감정적으로 몰입하며 학습이나 수행의 효과를 높일 수 있다. 사이먼 사이넥은 그의 저서 《나는 왜 이 일을 하는가(Start with Why, 2013)》에서 애플의 성공과 마틴 루터 킹의 사례를 통해 "Why"가 핵심 가치와 일치하는 행동을 보장하고, 이후의 "What"과 "How"를 더 의미 있게 만든다고 설명했다. "왜?"라는 질문은 의미 있는 결과로 나아가는 나침반 역할을 한다.

그 다음으로 "무엇?"이라는 물음표를 통해 우리는 목표와 기대 결과를 구체화하고 실천으로 연결할 수 있다. 마지막으로 "어떻게?"라는 질문은 실행 계획을 세우고 행동을 효율적이고 효과적으로 전환한다. 이 세 가지 질문이 서로 유기적이되 순차적으로 연결될 때, 우리는 삶의 크고 작은 결정과 문제 해결 과정에서 더 나은 방향성을 확보하고 시행착오를 최소화할 수 있다.

그러니, 다음의 순서로 스스로에게 물어보자.

"나의 이유는(이 일을 하는 이유, 행동의 이유) 무엇인가?"
"나는 무엇을 이루고자 하는가?"
"어떻게 하면 책임감 있게 일을 할 수 있을까?"

닐 도쉬와 린지 맥그리거는 책 《무엇이 성과를 이끄는가(Primed to Per-form: How to Build the Highest Performing Cultures Through the Science of Total Motivation, 2021)》에서 성과를 이끄는 직접 동기로 '일의 의미', '일의 성장', '일의 즐거움'을 강조했다. 그들에 따르면, 목적이 명확할 때 개인은 더 높은 수준의 내적 동기를 경험하며, 이는 창의성, 몰입도, 지속 가능한 성과를 강화한다. 반대로, "왜?"를 이해하지 못하면 정서적 또는 경제적 압박과 같은 비동기 요인에 더 쉽게 영향을 받는다고 한다. 이 점은 내가 특히 주목하는 부분이다. AI가 주도하는 효율성의 시대에는 '왜'에 대한 명확성이 그 어느 때보다 중요하다. 명확한 '왜'가 없으면, 개인과 조직은 빠른 변화 속도에 휩쓸려 핵심 가치와 무관하거나 의미 없는 행동을 추구할 가능성이 높다. 그러나 WHY 질문을 WHY-WHAT-HOW로 이어지는 사고 확장 과정의 최우선에 배치하면, 반대의 효과를 기대할 수 있다. WHY는 다음과 같은 중요한 역할을 하기 때문이다. WHY는 삶의 갈림길에서 의사 결정을 중장기적인 관점과 일치시키고, 선택이 개인의 본질적 가치와 조화를 이루도록 돕는다. 내적 동기를 강화하며, 개인의 행동과 목표를 더 의미 있게 만든다. 조직의 WHY는 전략에서 일상 운영에 이르기까지 모든 결정이 단순한 이익을 넘어 더 높은 목적에 부합하도록 보장하는 지침 원칙이다. 또한 조직의 WHY는 임직원에게 비전과 목표를 제시하며, 공동체의 방향성을 정의하는 역할을 한다. AI는 데이터를 기반으로 효율성을 제시할 수 있지만, 인간의 WHY를 이해하거나 생성할 수는 없다. 아무리 기술이 발전해도 목적을 부여하는 것은 인간의 고유한 역할이다.

WHY에 이어 다음으로 연결될 질문은 WHAT이다. 조직에서의 WHAT은 단순한 성과 지표를 넘어, 사람과 조직에 의미 있는 결과를 만드는 목표다. WHY가 목적을 설정한다면, WHAT은 그 목적을 구체화하고 측정 가능하며 실천 가능한 목표로 연결한다.

HOW는 WHY와 WHAT을 실현하기 위한 실행 방식을 정의한다. 이는 목표 달성을 위한 구체적인 행동, 절차, 그리고 전략을 포함하며, 실질적인 변화를 만들어내는 핵심이다. HOW는 조직과 개인이 목적에 맞는 행동을 지속하도록 돕고, 이를 통해 일관성과 신뢰를 구축한다. 또한 HOW는 효율성을 극대화하면서도 개인과 조직의 가치와 방향성을 유지하는 데 기여한다. 궁극적으로 HOW는 WHY와 WHAT 사이 이상과 비전이 현실로 구현되도록 돕는다.

WHY-WHAT-HOW라는 세 단계의 질문은 개인과 조직 모두에게 중요한 사고 구조를 제공한다. 이 과정에서 한 가지 더 제안하고 싶은 점은,

이 질문에 대한 답을 구체적이고 측정 가능한 목표로 전환하는 것이다. 구체성과 현실성을 갖춘 목표는 보다 효과적이고 실현 가능한 해결 방안을 도출하는 데 도움이 된다.

## AI 시대, IN-IN-IN으로 이어지는 나의 삶

IN-Framework는 단순한 도구를 넘어, 나의 삶의 방식과 여정을 추동하는 원동력이다. 따라서 IN-IN-IN으로 이어지는 나의 질문은 오늘도 계속된다.

> IN(仁: WHY) – 오늘 나의 WHY는 무엇인가?
> IN(人: WHAT) – 오늘 나의 의미를 만드는 WHAT은 무엇인가?
> IN(因: HOW) – 오늘 나는 HOW를 통해 그것을 실현할 것인가?

나는 특별한 이슈가 없는 한 매일 아침 스스로에게 "내가 왜 이 일을 하는가?"라는 질문을 던지고 기록한다. 이 기록은 짧막한 단어의 나열에 그치지만, 하루의 방향성을 설정하는 데 큰 도움을 준다. WHY를 통해 설정된 하루의 목적을 바탕으로, 오늘의 실현 가능한 목표(WHAT)를 구체화한다. 이때 목표는 3가지를 넘기지 않는다. 파레토 법칙이 말하듯, 목표가 많을수록 달성 가능성은 낮아지며, 명확할수록 실행의 질은 높아진다.

다음으로 목표를 실행하기 위한 구체적인 계획(HOW)을 설계한다. 주어진 자원(시간, 금전적 자원, 에너지)을 효율적이고 효과적으로, 즉 최적화된 방식으로 활용할 방법을 찾는다. 최근에는 이 과정에서 ChatGPT의 도움을 받아 다양한 아이디어와 솔루션을 탐색한다. 이 모든 과정에서 내가 조금 더 염두에 두는 것은 '연결'이다. 행동이 단기적 성과에 머무르지 않고, 장기적인 가치를 창출하거나 다른 활동들과 연결될 수 있는 방법을 끊임없이 고민한다.

## AI 속에서 '인간다움' 찾기

**AI는 효율성과 선택의 폭을 넓혀 우리의 삶을 긍정적으로 변화시키는 강력한 도구이다.** 그러나 AI는 도구일 뿐, 인간의 본질과 가치를 대체할 수는 없다. AI 시대에서도 인간다움을 유지하며 나답게 살아가기 위해서는 WHY, WHAT, HOW라는 질문을 중심으로 하는 지속적인 성찰과 실천이 필요하다. 인간다움은 기술을 거부하거나 회피하는 것이 아니라, 인간 고유성을 이해하고 기술을 인간 중심적으로 활용하며 그 속에서 자신의 본질을 제대로 알고 지키며 확장하는 데 있다.

'인간다움'은 공감이다.

AI는 데이터를 통해 행동을 예측하고 패턴을 분석할 수 있다. 그러나 사람들의 감정, 맥락, 그리고 고유한 경험에 공감하는 능력은 인간만의 고유한 영역이다. 공감은 단순히 상대방의 이야기를 듣는 것이 아니라, 그 사람의 관점에서 세상을 바라보고 진정으로 이해하는 것이다.

'인간다움'은 창의성이다.

AI는 과거 데이터를 기반으로 판단하고 미래를 예측할 수 있지만, 완전히 새로운 아이디어를 창출하거나 예상치 못한 문제를 독창적으로 해결하는 것은 인간만의 능력이다. 창의성은 기술과 협력하며 기술이 해결하지 못하는 영역을 확장하는 데 핵심적인 역할을 한다.

'인간다움'은 바람직한 가치 판단이다.

AI는 특정 행동의 결과를 분석할 수 있지만, 그 행동이 윤리적이고 지속 가능한지 여부를 판단하지 못한다. AI 시대에서 인간의 역할은 기술이 제안하는 행동과 선택을 비판적으로 평가하고 이를 조정하는 윤리적 책임을 수행하는 것이다.

아무리 AI가 발전한다해도, AI는 인간으로 산다는 것이 무엇인지 대신 정의내려줄 수도 없으며 인간다운 삶을 대신 설계해줄 수도 없다. AI 시스템을 설계할 때는 사용자의 정체성과 경험을 어떻게 개선할 수 있을지를 고려해야 한다. 인간 중심적 설계는 기술이 인간의 필요를 충족시키고 인간다움을 확장하는 데 초점을 맞추는 것이다.

결국 AI 시대에도 중요한 것은 기술 그 자체가 아니라, 기술을 어떻게 활용하느냐에 달려 있다. AI가 제공하는 도구와 데이터를 인간다움을 실현하는 데 활용할 때, 우리는 더 나은 세상을 만들어 갈 수 있다. 이를 위해 우리는 매일의 선택에서 인간다움을 중심에 두고, 기술이 아닌 사람에게 가치를 두는 결정을 내려야 한다. 인간은 서로의 감정을 공감하고, 창의적으로 문제를 해결하며, 윤리적 판단을 통해 사회적 책임을 다하는 존재이다. 그러므로 이러한 본질적 특성과 가치를 지키며 기술을 인간 고유성, 즉 '인간다움'의 확장으로 응용하는 것이야말로 AI 시대를 살아가는 우리에게 주어진 중요한 과제라고 할 수 있겠다.

AI 시대에도 변하지 않는 가치를 지키며 살아가기를 희망한다면 나답게, 인간답게, 세상과 연결된 삶을 설계하며 오늘도 WHY를 찾고,

WHAT을 설계하며, HOW를 실행하자.

우리가 WHY, WHAT, HOW라는 질문을 통해 끊임없이 자신과 세상을 성찰하고 실천할 때, AI는 인간다움의 확장을 위한 도구로 자리 잡을 것이다. AI 시대에도 인간답게 살아가는 길, 우리의 가치를 잃지 않으며 기술과 공존하는 삶은 우리의 선택에 달려 있다.

# Who am I

# 변화인지와 적응

Who am I

**박지연**

# 새장 없는 새

## 자유로운 선택과 상상의 힘

# 1

# 변화 속에서 나를 묻다

AI 시대가 본격적으로 시작되면서 세상은 점점 더 빠르게 변화하고 있다. 새롭게 등장하는 기술들은 우리의 일상과 일터를 끊임없이 바꾸어 놓는다. 이 변화 속에서 나는 스스로에게 묻게 된다.

- "과연 계속해서 이 흐름에 맞춰갈 수 있을까?"
- "쏟아지는 지식과 정보를 모두 이해하고 소화할 수 있을까?"
- "이런 노력들이 과연 의미가 있을까?"

얼마 전 뉴스를 통해 ChatGPT보다 성능이 뛰어난 고급 추론형 AI 모델이 또 공개되었다는 소식을 들었다. 문득 "뱁새가 황새 따라가다 가랑이 찢어진다"는 속담이 떠올랐다. 기술의 흐름에 무작정 따라가기보다는 멈춰 서서 나를 돌아보며 중심을 잡는 것이 더 필요하지 않을까?

아마 누군가는 나와 비슷한 고민을 하고 있을지도 모른다. 이 글은 AI 시대 속에서 나의 정체성을 찾아가는 여정을 담은 기록이다. 나의 고민과 여정이 같은 시대를 살아가는 당신에게도 작은 질문을 던질 수 있기를 바란다.

# 2
# 나의 본성을 돌아보다

AI 시대의 빠른 변화 속에서 나를 이해하는 일은 무엇보다 중요하다. 이 장에서는 '새장 없는 새'라는 비유를 통해 나의 본성과 선택, 그리고 함께 살아가는 세상 속에서 나만의 길을 만들어가는 과정을 돌아본다.

## 새장 없는 새: 자유로운 선택의 의미

'새장 없는 새' 겉으로는 새장 속에 갇혀 있는 것처럼 보이지만, 언제든 자유롭게 날아다닐 수 있는 새를 의미한다. 이 표현은 대학 시절, 친한 친구가 나를 두고 한 말이다. 친구는 아마 나의 조금 다른 시선과 자유로움을 이렇게 표현했을 것이다.

시간이 지나도 이 말은 여전히 나를 가장 잘 설명하는 표현으로 남아 있다. 가끔 이 표현을 떠올릴 때마다 나는 내가 가진 자유와 선택의 의미를 다시금 생각해 보게 된다.

학창 시절, 나는 새로운 각도로 사물을 바라보거나 예상치 못한 질문을 던지는 모습 때문에 "4차원이다", "자유로운 영혼이다"라는 말을 자주 듣곤 했다. 하지만 겉으로 보이는 자유로운 모습과는 달리, 나는 사람들 사이에서 튀는 것을 좋아하지 않았다. 정해진 규칙이나 방식을 비교적 잘 따르며, '함께 살아가는 세상'을 중요하게 여겼기 때문이다.

나는 함께하기 위해 필요한 기본적인 룰을 존중해야 한다고 생각했다. 다만 그 룰을 무조건 받아들이기보다는, 항상 "왜 그런 걸까?"라는 질문을 던지며 그 속에 숨겨진 원리를 이해하려고 노력했다. 아이러니하게도 이러한 모습은 사람들에게 독특하거나 특이하게 보였던 것 같다.

자유란 단순히 틀을 벗어나는 것이 아니다. 내가 무엇을 선택하고, 그 선택에 어떤 의미를 부여하며 나아가는지가 중요하다. 때로는 새장 속에 머무르는 선택이 더 나은 질문을 던져주고, 스스로를 돌아볼 시간을 제공하기도 한다. 중요한 것은 그 선택이 나의 의지에서 비롯된 것이며, 그 안에서 나만의 길을 만들어가는 것이다.

나에게 자유란 날아갈 준비를 하며, 머무는 선택조차 나다운 방식으로 받아들이는 힘이다.

## 정답보다 중요한 것

고등학교에서 제2외국어로 프랑스어를 배웠다. 2학년이 되었을 때, 학교에서는 전국 외국어 경시대회에 참가할 대표를 선발하기 위해 시험을 진행했다. 이미 강력한 후보자가 있었지만, 프랑스어 선생님들은 절차의 공정성을 중요하게 여겨 누구에게나 기회를 주고자 하셨다.

친구들과 함께 "재미있겠다"는 가벼운 마음으로 과학실에서 시험을 보게 되었고, 의외의 결과가 나왔다. 내가 학교 대표로 선발된 것이다. 솔직히 내가 가장 잘할 것이라 전혀 예상하지 못했기에 놀라움이 컸다.

선생님들은 결과에 대해 설명하며, 정답률은 비슷했지만, 내가 제출한 답안이 언어의 원리를 가장 잘 이해하고 있다고 판단했다고 하셨다. 시험이 100% 주관식으로 진행된 덕분에 가능한 일이었다. 이 경험은 원리를 이해하는 것이 내 삶과 배움에서 얼마나 중요한 차이를 만들어내는지 깨닫게 해준 계기가 되었다.

직장 생활을 시작한 후 몇 년 동안, 친구들에게 종종 이런 질문을 받았다.

"아직도 그 회사에 다니고 있어?"

친구들은 회사 생활이 자유롭게 사고하는 나와 잘 어울리지 않는다고 생각했던 것 같다. 그러나 회사 생활을 시작하고 보니, 내가 맡은 일들은 정답이 정해져 있는 경우보다 상황에 맞춰 해답을 만들어가는 일이 훨씬 많았다.

새로운 일을 맡을 때마다 나는 항상 질문을 던졌다.

- "이 일의 핵심은 무엇일까?"
- "이 일을 조금 더 나은 방향으로 풀어갈 방법은 없을까?"
- "이 일을 통해 무엇이 달라질 수 있을까?"

이러한 질문을 던지고 자료를 찾으며 구조를 이해해가는 과정은 항상 쉽지 않았다. 책상 위에 쌓여가는 자료들과 씨름하는 나를 보며, 동생은 종종 웃으며 말했다.

"언니, 또 새로운 일 시작했구나?"

사실, 원리를 이해하고 나만의 방식을 찾아가는 과정에는 시간이 걸리고, 때로는 인내심이 필요했다. 하지만 이 과정은 단순히 문제를 해결하는 것을 넘어, 내가 하는 일의 의미를 발견하고 새로운 방식으로 접근할 자유를 만들어주었다.


## 원리를 이해하며 자유를 만들어가다

내 삶의 모든 영역에서 원리를 고민할 수는 없다. 경험을 통해 알게 된 것은, 모든 일에 원리를 이해하려 애쓰는 것이 오히려 나를 지치게 한다는 점이다. 그래서 어디에 집중하고 무엇을 내려놓을지를 선택하는 것이 중요했다. 모든 걸 다 잘하려 하기보다, 내가 에너지를 쏟아야 할 곳을 명확히 정하는 것이 필요했다.

그럼에도, 원리를 고민하는 방식이 주는 장점은 분명하다.

• 선입견을 내려놓을 수 있게 해준다.
• 기존에 제약으로 여겼던 것들을 새로운 관점에서 바라볼 수 있게 한다.


그 덕분에 나는 더 자유롭게 사고할 수 있었고, 기존 방식을 벗어나 내가 하는 일을 새롭게 디자인할 수 있었다.

돌아보면, 이 사고방식은 보수적인 조직 환경에서도 내가 10년 넘게 일을 지속할 수 있었던 원동력이 되었다. 정답이 없는 상황에서도 원리를 이해하고 맥락을 파악하려는 노력은 나에게 스스로의 길을 설계할 자유와 그 길을 걸어갈 자신감을 가져다주었다.

**당신의 선택은 지금 당신의 삶에 어떤 이야기를 더하고 있는가?**

**그 이야기가 앞으로 당신을 어디로 이끌지, 잠시 상상해 본다면 어떨까?**

# 3

# 나를 움직이는 힘

변화는 질문에서 시작된다. 이 장에서는 내가 스스로 던졌던 질문들과 그에 대한 호기심이 나를 어떻게 움직였는지, 그리고 그 질문들이 삶과 일에 어떤 변화를 가져왔는지 이야기한다.

## 호기심과 질문이 만드는 변화의 동력

얼마 전, 팀원이 내게 물었다. "팀장님은 거액의 스카우트 제의가 있으면 이직하실 건가요?" 솔직히 상상만으로도 기분 좋은 질문이었다. 하지만 정작 그 질문에 떠오른 생각은 달랐다.

"신인사제도를 이대로 두고 떠날 수 있을까? 아직 제대로 결과도 확인 못했는데?" 물론 돈이 중요하지 않은 것은 아니다. 하지만 지금 나를 움직이는 것은 그보다 더 강렬한 궁금증이다. "이 프로젝트가 조직에 어떤 영향을 미칠까?", "그 결과가 나에게 어떤 의미로 남을까?"

### 1) 관여도: 내가 관여한 일의 의미

사람들은 자신이 깊이 관여한 일에 더 많은 관심을 가지는 경향이 있다. 내가 추천한 맛집에 친구가 간다고 하면 결과가 괜히 궁금해지고, "정말 좋았어"라는 피드백을 들으면 뿌듯함을 느끼게 된다.

지금 내게 신인사제도는 그런 존재다. 지난 몇 년간 수많은 고민과 노력을 쏟아부었기 때문에 이 제도가 조직에 미치는 영향이 궁금하지 않을 수 없다.

### 2) 궁금증: 내가 움직이는 이유

얼마 전, 한 모임에서 들은 흥미로운 이야기가 있다. "제로 탄산음료에는 설탕이 들어가지 않아서 쏟아도 끈적이지 않다." 이 말을 듣고 사람들의 반응은 제각각이었다.

- "그래도 조금은 끈적이지 않을까?"
- "설탕이 정말 0%야?"

내 반응은 이러했다. "정말 그런가? 확인해 보면 재미있겠다." 나는 궁금한 것을 그냥 넘기지 못하는 편이다. 단순히 듣고 끝내기보다 직접 확인하거나 알아보는 과정에서 답을 찾고 싶어진다.

신인사제도 역시 마찬가지다. "이 제도가 과연 조직에 어떤 변화를 가져올까?"라는 궁금증이 나를 움직이게 한다.

### 3) 왜를 찾아가는 과정

신인사제도를 디자인하는 데는 무려 3년이라는 시간이 걸렸다. 단순히 '새로운 제도를 만들어야 한다'는 명목만으로는 이 과정을 설명할 수 없다. 우리는 겉모습만 바꾸는 변화가 아니라, 근본적인 '왜'를 찾는 일에 집중했다.

- "왜 변화가 필요한가?"
- "지금 우리가 진짜로 해결해야 할 문제는 무엇인가?"

이 질문에 답을 찾기 위해 경영진과 직원들이 함께 참여했고, 전문 퍼실리테이터의 도움을 받아 구조적인 대화와 토론을 이어갔다. 이러한 과정을 통해 우리는 조금씩 우리 조직이 진정으로 추구해야 할 가치를 발견해 나갈 수 있었다.

누군가 목이 말라서 콜라를 원한다고 하자. 겉으로는 갈증 해소가 이유처럼 보이지만, 실은 더위를 피하려는 것이 진짜 이유일 수도 있다. 이 경우, 콜라는 문제의 본질적인 해결책이 아닐 수 있다.

신인사제도를 설계할 때도 마찬가지였다. 우리는 단순히 "어떤 콜라를 제공할 것인가?"에 초점을 맞추지 않고, "왜 콜라를 원했는가?"라는 본질적인 질문에 집중했다.

제도를 설계하면서 우리는 다른 기업의 성공 사례를 그대로 따라 하지 않기로 했다. 대신, 그 사례의 방법이 아닌 원리를 벤치마킹하려 했다.

- "이 방식이 왜 효과적이었을까?"
- "우리 조직에 적용하려면 어떤 변화가 필요할까?"

이 과정에서 우리는 컨설팅 회사의 자문을 받으며 객관적인 관점을 유지했고, 경영진과 직원들이 함께 고민하며 우리 조직에 맞는 해법을 만들어냈다. 그렇게 탄생한 것이 바로 신인사제도다.

이 제도가 조직에 어떤 변화를 가져올지 지금은 알 수 없다. 하지만 분명한 건, 그 답을 찾아가는 과정과 그 과정에서 생겨난 궁금증이 나를 움직이고 있다는 점이다. 이러한 호기심과 질문이 새로운 길을 열어줄 것이라 믿는다.

## 일이 되게 하는 즐거움

애써 구매한 운동기구가 어느새 구석에 방치된 적이 있는가? 목적에 맞는 기능, 적절한 비용, 그리고 긍정적인 사용 후기까지 꼼꼼히 따져보고 선택했지만, 막상 사용하지 않고 먼지만 쌓여가는 경우가 있다. 반면, 특별한 기구 없이도 꾸준히 운동을 실천하는 사람들을 보면, 그들의 비결이 궁금해진다.

회사에서의 제도도 이와 크게 다르지 않다. 아무리 성공 사례를 철저히 벤치마킹하고, 검증된 시스템을 도입했다고 해도, 그것만으로 일이 저절로 실현되지는 않는다.

제도와 시스템은 운동기구와 같다. 올바르게 사용하면 실행을 더 쉽게 만들어주지만, 도구만으로는 목표를 달성할 수 없다. 결국 중요한 것은 그 도구를 어떻게 활용하고, 실질적인 변화를 만들어내느냐이다.

### 1) 경계를 넘어 일이 되게 하다

신인사제도의 실행을 고민하면서, 나는 자연스럽게 HR의 본질에 대해 다시 생각하게 되었다. HR은 단순히 시스템을 운영하거나 문제를 해결하는 데 그치지 않는다. HR은 사람들이 실제로 느끼는 가치와 변화를 만들어내는 일이다.

이 깨달음은 HR이 단순한 절차나 형식에서 벗어나 일이 효과적으로 이루어지도록 돕는 다양한 방식과 긴밀히 연결되어야 한다는 사실을 알게 했다. 예를 들어, 직원들의 목표 수립 과정이 형식적인 절차에 머물지 않고 실제 업무에 실질적인 도움이 되기 위해서는, 그 목표가 사업계획과 유기적으로 연계되고 성과관리 과정에서도 의미 있게 반영되어야 한다.

이러한 필요성을 인식한 우리 팀은 기존의 업무 범위를 넘어 사업계획 수립 초기 단계부터 유관 부서들과 협업하기 시작했다. 기존 역할의 한계를 넘어서 새로운 역할을 만들어가는 일이 필연적이었다.

### 2) 틀을 깨고 배우며 성장하다

경계를 넘어 일하려고 할 때 모든 일이 매끄럽게 실행되거나 기대한 대로 성공하지는 않는다. 하지만 역할을 확장하고 기존 틀을 깨려는 과정 자체가 배움의 연속이며, 그 자체로도 충분히 의미가 있다고 믿는다.

이 과정은 마치 게임과도 같다. 실패를 겪으면 새로운 전략을 고민하며 한 단계씩 도전하게 된다. 긴장과 즐거움이 교차하는 순간마다 새로운 기회가 열리고, 그 기회 속에서 자연스럽게 성장의 기회를 얻게 된다.

일을 실행하는 과정은 결코 쉽지 않다. 그러나 그 어려움을 하나씩 해결해 나갈 때 느끼는 성취감은 크고, 그 과정에서 함께하는 동료들과의 협업은 더욱 깊은 의미를 만들어낸다.

결국, 일이 되게 하는 즐거움이란 내가 하는 일의 의미를 찾고, 그 의미를 실현하기 위해 기존의 틀을 깨며 자유롭게 역할을 만들어가는 과정에 있다. 더 나아가, 내가 하는 일을 응원하고 함께 변화를 만들어가려는 사람들이 있다는 사실은 내게 큰 힘이 된다. 그들과의 협업은 혼자서는 상상할 수 없었던 변화를 가능하게 하고, 함께 이룬 성취는 더 큰 의미로 남는다. 이렇게 작은 순간들이 쌓이며 일이 비로소 더 나은 방향으로 '되게' 된다.

## 작은 행동이 가져온 파동

회사에서 신인사제도가 본격적으로 시행되던 시기, 나의 개인적인 삶에도 크고 작은 변화들이 찾아왔다. 그중에서도 20년 동안 함께했던 반려견 뚱이와의 이별은 내게 너무나 큰 상실감을 안겨주었다. 깊은 슬픔과 함께 돌봄의 시간이 사라지며 생긴 여유는 새로운 행동으로 이어졌다.

나는 뚱이의 물건들을 정리해 익산의 한 유기견 보호소에 기부했고, 가벼운 마음으로 시작한 봉사를 지금까지 매월 정기적으로 이어가고 있다. 봉사는 몸이 힘들 때도 있지만, 그 시간은 내 슬픔을 조금씩 달래주었고, **나눔의 따뜻함**은 방황하던 내 마음을 차분히 다잡아 주었다.

이후 잘 나가지 않던 모임에도 다시 참석하기 시작했다. 특히 주말에 열리는 HR포럼에서 다양한 사람들과 의견을 나누며 새로운 에너지를 얻었다. 이 경험은 도서 『팀장 레볼루션: 이전의 팀장이 사라진다』에 공동 저자로 참여하는 기회로 이어지기도 했다.

아무리 내적 동기가 강한 사람이라도, 정서적 충전과 에너지를 채워줄 무언가가 필요하다. 나에게는 외부 세상과의 교류가 그 역할을 했다. 봉사와 모임을 통해 얻은 경험들은 단순히 나를 안정시키는 데 그치지 않았다. 그것들은 업무적으로 새로운 인사이트를 제공해 주었고, 내가 더 나은 방향으로 나아갈 수 있는 길을 열어주었다.

특히, AI 시대를 살아가며 끊임없이 고민하는 계기가 되기도 했다.

- "나의 본질은 무엇인가?"
- "AI를 어떻게 활용해 나가야 할까?"

이 질문들에 대한 탐구는 외부 경험을 통해 더욱 깊어지고 있다.

**지금 당신의 마음속에 떠오르는 질문은 무엇인가?**

**그 질문이 어쩌면 당신의 다음 발걸음을 여는 시작점이 될지도 모른다.**

# 4

# AI 시대 나의 정체성

우리가 자유롭게 날아다닐 수 있는 가능성을 꿈꾼다면, AI는 상상을 현실로 이어주는 날개와 같은 존재다. AI는 단지 기술을 넘어, 우리의 상상을 실현하고 비전을 함께 만들어가는 동반자가 될 수 있다. 이 장에서는 AI와 협업하며 나의 가능성을 확장하고, AI 시대 속에서 나를 발견한 여정을 나눈다.

## 구체적인 상상으로 AI와 협업하다

디자인을 전공한 동생은 손기술이 뛰어나다. 대학 시절, 동생은 디자인 과제를 하면서 종종 내게 아이디어를 요청했다. 그러면 나는 머릿속에 떠오르는 디자인을 상상하며 하나하나 구체적으로 설명했다.

물론, 내가 상상한 그대로가 구현되지는 않았다. 하지만 내가 구체적으로 설명할수록 상상에 더 가까운 결과물이 나왔고, 그 과정을 함께 만들어가는 일은 즐거운 경험으로 남아 있다.

멋진 디자인을 위해 내가 반드시 디자인 기술을 연마해야 하는 것은 아니었다. 상상을 구체화하고, 그것을 명확히 설명할 수 있다면, 기술을 가진 사람이 이를 구현할 수 있다. AI 활용의 본질도 이와 비슷하다고 생각된다.

AI를 잘 활용하기 위해 반드시 AI 기술 자체를 깊이 이해해야 하는 것은 아니다. 중요한 것은 AI를 통해 무엇을 할 수 있을지 구체적으로 상상하는 일이다.

구체적인 상상이 없다면, AI에게 지시하는 단계에서 막히기 쉽고, 결과적으로 내가 원하는 대로 활용하지 못하게 된다. 물론, "AI가 무엇을 할 수 있고, 무엇을 할 수 없는지 기술적으로 명확히 알아야 한다"는 접근 방식도 타당하다.

하지만 나는 순서를 조금 다르게 접근해볼 필요가 있다고 본다.

- 먼저 내가 상상한 것을 AI로 구현하려 시도해본다.
- 그 과정에서 AI가 구현할 수 없는 부분이 드러난다면, 그때 대안을 마련하거나 다른 접근법을 찾아간다.

왜냐하면, AI의 기능이나 기술적 한계를 기준으로 사고하기 시작하면 우리의 상상이 제한될 가능성이 크기 때문이다.

대신, "이 기술로 무엇이든 구현할 수 있다"는 전제로 상상을 시작해보는 것이 더 낫다. 상상이 구체적일수록, AI를 통해 그것을 실현할 가능성도 더 커진다.

구체적인 상상을 가능하게 하려면 해당 주제에 대한 깊은 이해와 실행 과정에 대한 경험이 큰 도움이 된다.

회사에서도 업무에 대한 깊은 이해와 경험을 가진 직원들이 생성형 AI

를 효과적으로 활용한다면, 더 큰 성과를 낼 가능성이 높아질 것이다. 이를 위해 단계적으로 접근하는 방법도 좋다.

- 먼저, AI 활용에 익숙한 직원들과 업무 경험이 풍부한 직원들이 협업하여 AI를 효과적으로 사용하는 방안을 함께 모색한다.
- 이 과정을 통해 조직 내에서 AI 활용이 자연스럽게 자리 잡고, 기술적 역량과 업무 경험이 조화를 이루는 체계를 구축할 수 있다.

　AI 활용의 기술적 역량과 업무 경험이 균형을 이룰 때, 조직은 AI 시대의 새로운 가능성을 더욱 효과적으로 실현할 수 있다. AI는 단순한 도구를 넘어, 우리가 상상한 비전을 실현하는 동반자가 될 수 있다.

## GPTs와 함께한 경험: 가능성을 상상하다

　KHR(한국HR포럼)의 제9기 HR공저 '**AI 시대: Who am I**' 워크샵을 통해 처음으로 ChatGPT의 GPTs를 경험했다. GPTs는 특정 목적에 맞게 답변 방식과 지침을 설정하여 나만의 AI를 만들어 활용할 수 있는 기능이다. 또한, 만들어진 GPT를 다른 사람들과 공유하며 협업할 수도 있다.

　처음에는 단순히 신기하다는 생각만 들었다. 하지만 그날 저녁, 스크린에 비친 GPTs의 기능과 방식을 떠올리며 그 가능성이 얼마나 큰지 깨닫게 되었다. 그 순간, "직원들도 나처럼 직접 경험해본다면, 누군가는 이 기능을 창의적으로 활용해낼 수 있지 않을까?"라는 생각이 들었다.

　마침 직원들의 목표 수립 시기가 2주 앞으로 다가온 상황이었다. 이에 맞춰 GPTs를 활용해 목표 수립을 돕는 AI 코치를 만들어보면 좋겠다는 아이디어가 떠올랐다. 문제는 GPTs를 활용하는 방법을 전혀 모른다는 점이었다.

그러나 생성형 AI의 놀라운 가능성을 다시 한번 실감할 수 있었다. GPTs에 대해 전혀 알지 못했던 내가 단 이틀 만에 AI 코치를 만들어낸 것이다. 내가 한 일은 단순했다.

- 구현하고 싶은 기능을 구체적으로 정리했다.
- GPTs를 어떻게 설계해야 할지 ChatGPT에게 질문하며 해결책을 찾아갔다.

한 번 만들어보니, 그 다음은 훨씬 쉬웠다. 다른 주제의 AI 코치를 만드는 데 기본적인 지침만 수정하면 되었고, 그 과정은 1시간 정도밖에 걸리지 않았다. 놀랍게도 결과물은 내가 기대했던 것 이상으로 훌륭했다. "이 정도라면 더 많은 가능성이 열릴 수 있겠구나"라는 생각이 들었다.

- 내가 조금 더 숙련된 지식을 가지고 이 작업을 한다면?
- 개발, 마케팅 등 다른 부서에서도 GPTs를 활용한다면?

이런 상상은 GPTs가 조직 내에서 실질적인 변화를 만들어낼 가능성에 대한 기대감으로 이어졌다. 특히, HR 분야에서의 활용 가능성은 더욱 흥미로웠다.

직원 개개인에게 개인화된 지원을 제공하는 것은 HR의 중요한 과제다. 그러나 물리적 한계로 인해 모든 직원에게 개별 코칭과 지원을 제공하기란 쉽지 않다. GPTs를 활용하면 이러한 문제를 실질적으로 해결할 가능성이 생긴다. AI 기반의 코치는 직원들의 목표 수립이나 문제 해결을 돕는 맞춤형 지원 도구로 작동할 수 있다. 물론, 현재의 GPTs가 완벽하지는 않다. 하지만 AI 기술은 빠르게 진화하고 있으며, 곧 더 정교하고 실용적인 도구들이 등장할 것이다.

GPTs와 함께한 경험은 AI 기술이 단순한 도구를 넘어, 새로운 가능성을 탐구하고 실현하는 데 유용한 역할을 할 수 있음을 보여줬다.

이제 상상이 조금씩 현실로 다가오고 있음을 실감하며, 이 변화가 열어갈 새로운 가능성이 어떤 모습일지 기대된다. GPTs 활용은 AI의 가능성을 활용해 조직과 개인이 더 나은 미래를 설계하도록 돕는 중요한 계기가 될 수 있다.


## 비전은 내가 설레는 순간에 있다

사람들은 가끔 나에게 장기적인 목표가 무엇인지 묻는다. 그럴 때마다 잠시 고민해보지만, 나는 늘 비슷한 대답을 하게 된다. "솔직히, 딱히 떠오르는 목표는 없다."

하지만 질문이 조금 바뀌면 이야기는 달라진다. "요즘 무엇을 고민하고 있나요?" 혹은 "요즘 무엇이 재미있나요?"라는 질문을 받으면, 나는 금세 앞으로 해보고 싶은 일들에 대해 신나게 이야기하기 시작한다. 그런 이야기를 하다 보면 자연스레 에너지가 차오를 때가 많다. 단지 말을 하고 있을 뿐인데도, 내가 말하는 것에 한 걸음 더 가까워지고 있다는 느낌이 들기 때문이다.

더 흥미로운 점은, 누군가에게 내가 고민하는 일이나 아이디어를 설명하다 보면 내 머릿속이 더 명확해진다는 것이다. 막연했던 생각들이 구체적인 그림으로 바뀌고, 마치 말을 통해 복잡한 생각의 실타래를 풀어내는 기분이 든다. 설명하는 과정에서 새로운 관점을 발견하거나, 스스로 놓쳤던 부분을 되짚게 되기도 한다. 단순히 말로 풀어내는 것만으로도 내 생각을 정리하고 구체화하는 데 큰 도움이 된다.

이러한 과정에서 떠오르는 구체적인 생각과 아이디어들은 나에게 장기적인 목표, 즉 비전에 대해 다시 생각하게 만든다. 나에게 비전이란 멀리 있는 이상적인 목표가 아니다. 나에게 비전은 설렘이 느껴지는 순간에서 시작된다. 그 설렘의 순간에는 내가 그리고 우리가 만들어 갈 미래의 모습이 자연스럽게 떠오른다. 그리고 그 상상을 구체화해, 지금 할 수 있는 작은 행동으로 옮겨갈 때 비전은 현실에 한 걸음 더 가까워진다.

나에게 AI는 마치 내가 그린 설계도를 현실로 만들어주는 건축가와 같다. 내가 품어온 아이디어를 가능성으로 바꾸고, 실행의 문턱을 낮춰주는 역할을 한다. 상상 속에 머물러 있던 생각들을 구체적인 현실로 연결해 주는 든든한 조력자이기도 하다. AI와 함께할 때, 상상은 행동으로 이어지고, 비전은 더 이상 머나먼 꿈이 아니라, 지금 이곳에서 우리가 만들어가는 현실이 된다.

**당신의 상상은 어떤 미래를 그리고 있는가?**

**그 미래는 지금 당신이 선택하는 작은 변화에서 시작될지도 모른다.**

Who am I

부정필

# AI와 함께하는 생존과 성장의 여정

# 1

# 생존과 성장에 대한 갈망

**SG Wannabe**(생존하고 싶다. 성장하고 싶다.)

Bridge Over Troubled Water, Sound of Silence, El Condor Pasa, The Boxer 등 수많은 명곡을 남긴 전설적인 팝 듀오가 있다. 바로 미국의 Simon & Garfunkel이다. 이들의 노래는 예나 지금이나 한국인이 사랑하는 팝송 Top 10에 꾸준히 이름을 올리고 있다. 그런데 이들을 롤모델로 삼아 노래를 만들고 부른 한국의 그룹이 있다. 바로 SG 워너비이다. '라라라', '살다가', '내 사람' 등 무수한 히트곡을 낸 이 그룹의 이름 SG는 바로 Simon & Garfunkel의 이니셜에서 따왔다고 한다. 이는 아마도 "사이먼과 가펑클처럼 아름다운 화음을 담은 노래를 부르고 싶다"는 염원을 담은 것이 아니었을까 싶다.

21세기는 흔히 무한경쟁의 시대이자 지식혁명의 시대라고 불린다. 그러나 이제는 인공지능(AI, Artificial Intelligence) 시대라는 말이 더 적합할 것 같다. 인공지능은 더 이상 공상과학 소설 속 상상이 아니다. 오늘날 AI는 우리의 일상에 깊숙이 스며들어 있으며, 기술 혁신의 중심에 자리 잡아 그 영향력이 사회 전반에 걸쳐 확산되고 있다. 특히 ChatGPT와 같은 첨단 생성형 AI의 등장으로, 이미 우리는 커다란 삶의 변화를 경험하고 있다.

이 변화 속에서 가장 주목할 만한 것은 바로 일자리의 변화이다. 전문가들은 AI와 자동화 기술의 발전으로 인해 일부 직업은 지구상에서 영원히 사라질 수도 있다고 말한다. 그러나 동시에 새로운 일자리와 직무가 창출될 것이라고도 예측한다. 이러한 시대적 전환점에서 개인의 생존과 성장, 그리고 조직의 생존과 성장이 나에게 가장 큰 화두가 되었다. 이제 생존(Survival)과 성장(Growth)은 내 삶의 목표이자 나아갈 방향을 결정짓는 이상향이 되었다.

내 삶의 이상향인 S(생존)와 G(성장)를 나의 새로운 롤모델로 삼아본다. 이제 나는 생존(S)과 성장(G)에서 따온 SG Wannabe라는 이름으로 AI 시대를 살아가고 싶다. 활짝 열린 AI 시대의 문을 박차고 나아가, AI와 함께 생존하며 성장하길 희망한다. AI는 이제 나의 새로운 동반자이자 친구가 되었다. 생존과 성장을 향한 여정은 AI와 함께할 때 더욱 풍요롭고 의미 있게 완성될 것이다.

이러한 여정을 가능하게 하는 것은 바로 끊임없는 변화(Change)이다. 변화는 생존과 성장을 위한 필수 조건이며, 오늘날 지속 가능한 미래(Future)를 위해 내게 주어진 운명 같은 과제이다. AI와 함께 나아가는 새로운 미래를 향해, 나는 더 큰 용기와 결심으로 이 여정을 시작하려 한다.

AI는 단순한 기술이 아니라, 생존과 성장을 함께 이루어갈 동반자이며 나를 끊임없이 변화하게 만드는 촉진제이다. 변화와 함께하는 생존과 성장의 여정은 내 삶에 새로운 활력을 불어넣고, AI와 함께 만들어갈 미래를 위한 나의 가장 큰 도전이 될 것이다.

이제 나는 AI와 함께하는 생존과 성장의 여정을 통해 더 나은 내일을 꿈꾸고, 이를 현실로 만들어가고자 한다.

# 2
# 위기를 대하는 선택의 순간

## To be or Not to be(살아질 것인가? 사라질 것인가?)

2000년대 초, 한 국내 출판사에서 발간된 학습만화 〈살아남기〉 시리즈는 당시 큰 인기를 끌었던 아동 도서였다. 세 자녀를 키우던 나 역시 이 시리즈를 〈Why?〉와 함께 어린이 필독서로 기억하고 있다. 자연, 과학, 생태 상식 등에서 시작해 문명, 수학, 세계사까지 확장된 이 〈살아남기〉 시리즈는, 〈무인도에서 살아남기〉를 시작으로 〈바이러스에서 살아남기〉, 〈방사능에서 살아남기〉, 〈미세먼지에서 살아남기〉 등 과학 분야에서만도 60여 종이 넘는 다양한 주제를 다뤘다.

그런데 최근 흥미로운 사실 하나를 발견했다. 혹시 "인공지능(AI)" 관련 〈살아남기〉 시리즈도 있지 않을까 궁금해 찾아보니, 이미 오래 전에 출간된 것을 알게 되었다. 벌써 2017년에 〈인공지능 세계에서 살아남기 1, 2〉가 발간되었고, 2024년 9월에는 〈AI 로봇 세계에서 살아남기 1〉까지 출시되었다. AI의 빠른 발전 속도에 발맞추기 위해 새로운 버전이 꾸준히 추가된 것으로 보인다.

이 시리즈의 교육적 효과나 출판사의 성공 전략을 논하려는 것은 아니다. 하지만 출판계가 전반적으로 불황인 가운데 이 시리즈가 국내외 누적 판매량 5천만 부 이상을 기록한 이유가 무엇일까를 생각해 보았다. 그 핵심은 바로 "생존(生存)"이라는 주제에 있다. 〈살아남기〉는 곧 "생존"을 의미하는 것이니, 〈생존법〉이 우리 시대에 가장 큰 화두로 등장했다고 해도 과언이 아니다.

생존법은 특히 재난이나 위기의 순간에 주목을 받기 마련이다. 2011년 동일본 대지진 이후 지진 대처법과 방사능 생존법 관련 서적이 잘 팔렸고, 2014년 세월호 참사 이후에는 수영 강좌와 위기 대응법에 관한 관심이 급증한 것이 그 예이다.

그런데, 갑작스러운 위기에 대처하고 생존하기 위해서는 무엇이 가장 중요할까? 순발력도 중요하겠지만, 특히 중요한 것은 '자급자족(自給自足)' 능력이 아닐까 싶다. 현대문명을 살고 있는 우리는 자급자족 능력이 취약하기 때문에, 재난 상황에서는 제 기능을 못할 가능성이 높다. 그래서 야생에서의 자급자족 능력이 중요할 수밖에 없다. 2011년부터 국내 한 방송사에서 제작 방영된 "정글의 법칙"이란 프로그램이 10년 넘게 인기를 끌었던 이유 중의 하나도, 김병만이라는 인물과 그를 따르는 병만족 출연자들의 '자급자족'을 위한 사투가 재미있게 그려졌기 때문이었을 것이다.

그렇다면 최첨단 AI 시대에 우리가 맞닥뜨릴 위기에는 어떻게 대응해야 살아남을 수 있을까? 초연결 사회에서의 위기는 단순한 '자급자족(自給自足)' 능력만으로는 충분하지 않을 수 있다. 재난과 달리, AI가 만들어낼 변화는 더 깊고 넓게 우리 삶의 근본을 뒤흔들 수 있기 때문이다.

결국 변화(變化)에 능동적으로 대처해야 한다. 끊임없는 자기 부정(自己否定)과 자기 계발(自己啓發)을 통해 스스로를 새롭게 만들어가는 노력이 없다면, 변화에 뒤처질 수밖에 없다. 애벌레가 나비로 변신하듯, 우리는 스스로의 한계를 넘어서야만 새로운 환경에서 살아남을 수 있다.

이제는 AI와의 공존과 동행은 피할 수 없는 현실이 되었다. 시대의 흐름을 거스르는 것은 청동기 시대가 도래했음에도 돌도끼만을 고수하는 석기 시대인의 모습과 다르지 않다. 더 나아가 우리는 철기 시대를 선도적으로 열어야만, 진정으로 "사라지지(Not to be) 않고 살아남는(To be)" 주체가 될 수 있다. 찰스 다윈이 말했듯, "생존하는 종은 가장 강하거나 가장 똑똑한 종이 아니라, 변화(變化)에 가장 잘 적응하는 종이다."

AI 시대는 이 진리를 다시 한번 우리에게 상기시키고 있다. 변화(變化)를 두려워하거나 외면한다면, AI 시대의 거센 흐름 속에서 살아남을 수 없다. 하지만 변화에 맞서 능동적으로 적응하고 활용할 방법을 찾는다면, 우리는 AI와 함께 새로운 미래를 열어갈 수 있을 것이다.

## Fight or Flight(맞서 싸울 것인가? 피해 도망갈 것인가?)

우리 인류는 지구상에서 다양한 위험을 겪으며 그로 인한 두려움을 극복해 왔다. 전쟁, 경제 위기, 자연재해에 대한 두려움은 누구나 경험했지만, 이를 슬기롭게 이겨냈다. 최근에는 역사 속 페스트와 같은 공포를 안겨줬던 코로나19 팬데믹까지 경험하며 그 위기를 극복했다. 강력한 전염성으로 인해 당연했던 일상이 정상적이지 못한 날들이 몇 달, 몇 년씩 이어졌던 시기였다.

코로나 팬데믹은 누구에게나 두렵고 혼란스러운 시기였지만, 완전히 공포에 잠식되지는 않았다. 우리는 지구 어딘가에서 누군가가 이 바이러스를 퇴치할 신약을 개발할 것이라는 막연한 기대를 품고 있었고, 그 신약이 나오면 치료받을 수 있다는 믿음이 있었기 때문이었다. 그러나 이제 우리 곁에 더 강력하고 무서운 복병이 다가왔다. 바로 "인공지능"이다.

나도 모르게 우리 일상 깊숙이 들어와 있는 AI를 애써 외면하며 살아왔던 자신을 깨닫게 되었다. 이미 다양한 산업에서 혁신을 이끌며 우리의 생활방식을 바꾸고 있는 AI와 마주하게 된 것이다. '아는 만큼 보인다'는 말을 실감하지 않을 수 없었다.

내 음성 명령으로 전등을 켜고, 집안 에너지를 최적화하여 전기료를 줄이며, 유튜브와 넷플릭스에서 나의 취향에 맞는 콘텐츠를 추천받는 기술은 AI의 초보적 단계에 불과했다. 웨어러블 기기를 통한 건강 모니터링, 방대한 의료 데이터를 분석해 질병을 조기 진단하고 치료법을 추천하는 기술은 이미 보편화되었다. 개인 맞춤형 학습, AI 번역기, 자율주행차 등은 우리의 일상에 깊숙이 스며들어 놀라운 변화를 만들어내고 있다.

더 나아가 AI는 인간의 단순한 작업을 대신하거나 AI 비서로 일정을 관리하며, 인간과 협력하여 시너지를 발휘할 수 있게 되었다. 가상현실(VR)과 결합해 현실과 가상의 경계를 허물며 새로운 경험을 제공하고, 환경 데이터를 분석해 기후 변화에 대응하는 데도 활용되고 있다. AI는 은밀하면서도 위대하게 우리의 삶 속으로 파고들어 혁신을 제공하며, 다양한 분야에서 변화의 중심에 자리 잡았다.

그러나 이러한 변화는 기대감을 주는 동시에 불안감을 키운다. 과거를 돌아보며 AI와 거리를 두었던 시간에 대한 후회를 할 틈도 없이, AI 기술의 발전이 인간을 지배할 수 있다는 경고가 현실적으로 다가오고 있다. AI 기술을 통제하지 못하면 인간이 AI에 의해 지배받을 수 있다는 우려는 점점 더 큰 경고음으로 들려온다.

그렇다고 도망가거나(Flight) 변화의 흐름을 거부하는 것은 옳지 않다. AI 시대는 변화를 두려워하거나 외면해서는 살아남을 수 없는 시기이다. 변화의 속도는 너무도 가파르며, 앞으로 다가올 변화는 우리의 상상을 훨씬 초월할 것이다. 이러한 시기에는 자신을 끊임없이 발전시키고 현재를 긍정적으로 바라보는 태도가 필요하다.

나는 이제 AI 시대의 중심에 서서, AI 세상과 맞서 싸우는(Fight) 길을 선택했다. 불확실한 미래를 핑계로 오늘을 포기하지 않고, 오늘의 행복을 이어가며 다가올 위험에 대비하기 위해 나는 변화하고 도전하며 싸워야 한다고 믿는다.

AI를 제대로 이해하고, AI와 협력하여 새로운 기회를 창출하며 개인과 조직의 생존과 성장을 동시에 추구하는 변화의 선도자(Change Agent)가 될 것을 결심했다. AI는 이 시대의 '게임 체인저(Game Changer)'로, 나에게는 새로운 '협력자이자 친구'가 될 것임이 분명하다. 이제 나는 변화의 흐름을 주도하며 AI와 함께 새로운 미래를 열어가고자 한다.

# 3

# 지속 가능한 미래를 위한 변화

## Change to Chance(기회를 향한 변화)

인류학자들에 따르면, 지구에 빙하기가 닥쳤을 때 불을 발견해 추위를 견뎌낸 종족만이 살아남아 현재의 인류로 발전했다고 한다. 변화된 환경에 적응하지 못하면 개인이든 조직이든 흔적도 없이 사라질 수밖에 없다. 개인이나 기업의 성장과 발전 역시 변화(變化)와 위기 상황을 어떻게 대처하고 극복했는지를 보여주는 역사라고 할 수 있다.

'변화(變化)'라는 단어는 뭔가를 바꾼다는 의미를 담고 있다. 어떤 이는 "바꾸다"의 반댓말은 "현상을 유지하다"가 아니라 "죽는다"라고 말한다. 변화하지 않으면 결국 소멸할 수밖에 없기 때문이다. 그러나 변화(Change)를 선택하면 새로운 기회(Chance)가 찾아오기도 한다. 영어 단어 Change에서 알파벳 'g'를 'c'로 바꿔 Chance가 되듯, 변화를 통해 생존(Survival)은 물론 성장(Growth)까지도 이루어낼 수 있다.

나는 새로운 기회(Chance)와 생존(Survival), 그리고 성장(Growth)을 위해 "CHANGE(체인지)"라는 단어를 새로운 관점으로 바라보게 되었다. 이는 AI를 제대로 이해하고, AI와의 협력을 통해 개인과 조직의 생존과 성장을 동시에 추구하는 변화의 선도자(Change Agent)로 거듭나겠다는 다짐에서 비롯되었다.

돌이켜 보면, 2016년에 AI의 시초라 할 수 있는 알파고가 등장해 바둑 천재 이세돌을 꺾은 이후, 2023년에는 생성형 AI인 ChatGPT가 세상에 나왔다. 겨우 2년 남짓 된 이 생성형 AI는 이미 세상을 놀라울 정도로 변화시키고 있다. 그런데, 이보다 더 놀라운 일이 2024년에 일어났다. 역사상 최초로 AI가 노벨상을 받은 것이다.

2024년 한강 작가가 노벨 문학상을 수상하며 큰 감동을 준 것도 놀라운 일이었지만, 노벨 화학상을 AI가 사실상 수상했다는 점은 더욱 충격적이었다. 구글 딥마인드의 데미스 허사비스와 존 점퍼는 화학자가 아님에도 불구하고 AI 알파폴드를 개발한 공로로 노벨 화학상을 수상했다. 이는 알파폴드가 사실상 노벨상을 받은 것이나 다름없다.

세상을 빛의 속도로 변화시키고 있는 ChatGPT를 비롯한 AI 기술은 이제 막 등장한 지 채 2년이 되지 않았다. 이 점에서 나는 AI와 함께할 용기를 얻었다. "가장 늦었다고 할 때가 가장 빠른 때"라는 말처럼, 지금이 바로 새로운 시작을 향해 나아가야 할 때이다.

**체:** 체념하지는 말자!
**인:** 인공지능과의 동행!
**지:** 지금부터가 시작이다!

"CHANGE(체인지)"라는 단어를 더 깊이 탐구하며, 나만의 새로운 의미로 확장해 보았다. 지금까지의 '두려움'을 앞날의 '설렘'으로 변화(Change)시킨 나의 소중한 친구, "AI와의 행복한 동행"을 자축하는 마음에서, "체-인-지"라는 각 글자에 담긴 의미를 다시 한번 되짚어 보았다.

이 언어유희의 탐구는 처음에는 단순히 흥미를 자극했지만, 예상치 못한 재미를 넘어 값진 의미까지 발견하게 해 주었다. 변화(Change)를 통해 기회(Chance)를 만들고, AI와 함께 지속 가능한 미래를 열어가는 여정은 이제 막 시작되었다. AI와의 동행은 나에게 설렘과 함께 성장의 가능성을 보여주는 최고의 친구가 되었다.

나는 앞으로도 AI와 함께하는 변화의 길을 걸으며, 개인과 조직의 생존과 성장을 동시에 이루어가는 데 기여할 것이다. AI 시대는 불확실함을 넘어 새로운 가능성을 제공하며, 우리는 이 변화를 기회로 전환할 능력을 스스로 키워야 한다. 변화를 두려워하지 않고, 기회를 만들어가는 용기야말로 지속 가능한 미래를 열어가는 열쇠가 될 것이다.

**체:** 體(몸), 替(바뀜), 締(연결), 체력, 체계, 실체, 기본, 구성, 단체, 조직, 대체, 체결

**인:** 認(앎), 人(사람), 仁(어짊), 앎, 인간, 인정, 인식, 인지, 태도, 인자, 인덕, IN

**지:** 智(지혜), 知(지식), 紙(종이), 地(지역), 지혜, 슬기, 지식, 기술, 기능, 종이, 지리

**체(體), 체(替), 체(締)**

- 체력(體力)/체계(體系): AI는 내가 가진 역량의 기본 체력을 강화시켜 줄 것이다. 또한 AI를 활용함으로써 삶과 일에서 더 체계적이고 효율적인 방식으로 업그레이드할 수 있을 것이다.

- 실체(實體)/기본(基本): AI는 내가 처음 경험한 미디어 리터러시(Media Literacy) 판타지의 실체이자 기본이 되었다. AI를 통해 정보기술에 대한 이해도가 높아졌고, 미디어를 능숙하게 활용하며 내 생각을 신속하고 정확하게 표현할 수 있게 되었다.
- 대체(代替)/체결(締結): AI는 나의 아날로그적 사고를 디지털 마인드로 바꿔줄 뿐만 아니라, 인간과 기술의 체결과 융합을 통해 기계에 대체되지 않는 인간으로서 지속적으로 성장할 수 있는 통찰을 제공할 것이다.

## 인(認), 인(人), 인(仁), IN

- 인식(認識)/인지(認知): AI는 인간과 기술에 대한 인식과 사고의 확장을 도와줄 것이다. 이를 통해 회사와 조직구성원 모두에게 긍정적인 영향을 미치는 변화의 선도자(Change Agent)가 되도록 노력할 것이다.
- 인간(人間)/인정(人情): AI를 활용하면서도 생명의 소중함과 인간 중심의 가치를 잃지 않을 것이다. 구성원을 배려하고 협력과 성장을 이끄는 따뜻한 리더십을 발휘하도록 노력할 것이다.
- 인자(仁慈)/인덕(人德): AI의 급속한 발전 속에서도 개인의 가치를 높이고 조직문화를 조화롭게 변화시킴으로써, 신뢰받는 덕장(德將)으로 자리잡기 위해 노력할 것이다.
- IN: 정보와 지능(Intelligence)의 홍수 속에서도 항상 혁신(Innovation)을 추구하며, 성실성(Integrity)을 바탕으로 영향력 있는 리더(Influencer)가 되도록 노력할 것이다.

**지(智), 지(知), 지(紙), 지(地)**

- 지혜(智慧)/지식(知識): AI는 복잡하고 빠르게 변화하는 현대사회 속에서 나에게 언제나 소중한 지혜와 유익한 지식 정보를 제공해 줄 것이다.
- 지류(紙類)/지역(地域): AI는 손편지나 책 같은 전통적 매체조차 새로운 소통 방식으로 변모시킬 가능성을 열어준다. 또한 지역의 경계를 넘어 모두에게 이로운 가치를 창출할 수 있도록 활용할 것이다.

## Choice for Change(변화를 위한 선택)

탈무드에는 "승자(勝者)는 눈 위를 밟아 길을 만들지만, 패자(敗者)는 눈이 녹기를 기다린다."는 교훈이 있다. 이 말은 스스로 변화를 선택(Choice)하지 않으면, 결국 변화가 나를 강제로 선택할 수도 있다는 뜻으로도 해석할 수 있다. 더 나아가 변화로 인해 찾아올 기회조차 놓칠 수 있다는 경고이기도 하다. 그래서 나는 이제 스스로 새로운 길을 선택하기로 했다. 그것은 바로 변화를 향한 선택의 길이다. 이 여정은 결국 〈AI 대전환 시대, Who am I〉라는 질문에 답을 찾아가는 과정이 될 것이다.

"화~악" 바뀌는 세상에서, "꼬~옥" 필요한 AI와 함께, "쑤~욱" 성장 발전하며, "쭈~욱" 함께 할 수 있는 길을 선택하고자 한다. 내가 선택한 길은 바로, "AI 기술과 인간 중심의 가치를 결합하여, 개인과 조직의 지속 가능한 성장을 선도하는, HR 전문 Change Agent"가 되는 것이다. 아무리 AI와 같은 '인공적인' 기술들이 주도하는 시대라 해도, 나는 주변 사람들과 공감하고 사랑하며, 자비와 연민을 바탕으로 서로를 배려하고 존중하는 '인간적인 사회인'으로 남고 싶다. 한편으로는 숲 속에서 자연과 어우러져 살아가는 평범한 '자연인' 같은 마음으로 일상을 소중히 여기고 싶다.

이제, AI 시대를 현명하게 살아갈 수 있는 나의 새로운 미션을 다음과 같이 그려본다.

### 1) AI를 활용한 생존과 성장 사례 연구 및 실천

개인과 조직이 AI 기술을 활용하여 생존하고 성장한 사례를 분석하고, 이를 바탕으로 직접적인 실천 방안을 만들어갈 것이다. 특히 리더십 코칭, 성과관리, 교육 등 HR 전반에 걸쳐 AI 기술이 어떻게 혁신적인 가능성을 열어줄 수 있는지 탐구하고, 실제 사례를 통해 검증할 것이다. 이를 통해 AI 기술을 도입하고 활용하는 과정에서 개인과 조직이 겪는 도전과 성공 요인을 심층적으로 이해하고 적용할 계획이다.

### 2) AI가 가져올 사회적 윤리적 문제의 학습과 대안 모색

AI 기술의 발전은 그 자체로 많은 혜택을 제공하지만, 동시에 윤리적이고 사회적인 문제를 불러올 수 있다. AI가 초래할 수 있는 편향성, 개인정보 보호 문제, 일자리 감소 등의 이슈를 학습하고, 이를 해결할 현실적이고 합리적인 대안을 찾는 것이 중요하다. 나아가, 개인과 조직이 어떤 전략을 통해 AI 시대의 변화에 능동적으로 대응하고, 인간 중심의 지속 가능한 가치를 창출할 수 있을지에 대해 깊이 고민하고 연구할 것이다.

### 3) 회사 내 AI 동아리 창설

즉시 실행 가능한 목표로, 회사 내에 〈AI 동아리〉를 주도적으로 만들어볼 계획이다. 이 동아리는 단순히 기술 학습을 넘어, 동료들과 함께 흥미롭고 재미있으며 의미 있는 '삼미(三昧) 동아리'로 발전시킬 것이다. 동아리 활동을 통해 AI를 창의적이고 효과적으로 활용할 방법을 탐구하며, 이를 바탕으로 조직 내 AI 도입과 확산을 촉진할 계획이다. AI 동아리는 새로운 아이디어를 공유하고, 실질적인 프로젝트를 통해 AI의 가능성을 실현하는 공간이 될 것이다.

이 새로운 미션은 AI 시대를 현명하게 살아가기 위한 방향을 제시하며, 변화를 기회로 전환할 수 있는 구체적인 실천 방안을 포함하고 있다. AI와 함께하는 생존과 성장의 길에서 나는 주도적인 역할을 하며, 개인과 조직이 AI 시대에 적응하고 번영할 수 있도록 기여할 것이다.

# Who am I

# 조직과 개인의 조화

Who am I

서형석

# AI와 동행하는 시대, 잡 크래프팅으로 일의 의미 찾기

# 1
# 변화 속에서 조직과 개인이 겪는 갈등과 잡 크래프팅

공상과학 영화를 좋아한다. 무한한 우주를 배경으로 미지의 행성에서 모험에 나서는 주인공의 이야기에 항상 매료되었다. 스타워즈 시리즈나 듄과 같은 거대한 스케일의 스페이스 오페라에 특히 끌렸지만, 개인적으로는 상대적으로 소규모인 SF 액션영화 토탈리콜을 최고라고 생각해왔다.

토탈리콜은 미국 SF 거장 필립 K. 딕의 1966년 단편소설 '도매가로 기억을 팝니다'(We Can Remember It for You Wholesale)를 영화화한 작품이다. 1990년 폴 버호벤 감독, 아놀드 슈왈제네거 주연으로 개봉되었으며, 2012년에는 렌 와이즈먼 감독, 콜린 파렐 주연으로 리메이크되었다.

개인적으로는 폴 버호벤 감독의 작품이 더 강렬한 인상을 남겼다. 지금 시점에서 보면 기술적으로 어설퍼 보일 수도 있지만, 당시로서는 획기적인 CG와 특수 분장, 그리고 아놀드 슈왈제네거의 강렬한 연기와 샤론 스톤의 열연이 돋보였기 때문이다.

영화는 평범한 건설 노동자인 더글라스 퀘이드가 화성과 신비한 여성에 대한 반복적인 꿈에 시달리면서 시작된다. 그는 현실 같은 거짓 기억을 체험하게 해 주는 리콜사를 방문해 화성에서 비밀 요원으로 활동하는 세트를 선택한다. 그러나 퀘이드는 이미 숨겨진 기억을 갖고 있었고, 갑작스레 정체불명의 사람들과 심지어 사랑하는 아내에게 공격을 받으며 도망친다.

조작된 기억 속에서 퀘이드는 자신이 누구인지, 진짜 기억과 거짓 기억의 경계가 무엇인지 혼란스러워진다. 그는 독재자인 코하겐의 비밀 요원 하우저로서 화성으로 돌아가야 한다는 메시지를 받는다. 그러나 화성에서 만난 코하겐은 반란군 지도자를 제거하기 위해 하우저가 자원했다고 설명한다. 실제와 조작된 기억이 뒤섞이며, 퀘이드는 지금 상황이 현실인지 환상인지, 자신이 반란군인지 독재자의 비밀 요원인지조차 알 수 없는 상태에서 절체절명의 순간에 중요한 선택을 해야 하는 갈등을 겪는다.

영화는 사건 간의 개연성이 부족한 부분이 있어, 위기 상황에서 맥락 없이 등장하는 조력자들에 의해 주인공이 구원받는 등의 한계가 있다. 그러나 작품 전체에 걸쳐 "나는 누구인가? 어떤 모습으로 살아가야 하는가? 내 삶의 의미는 무엇인가?"라는 질문을 던지는 점에서 원작 소설의 문제의식을 잘 이어받았다.

## 잡 크래프팅

**나는 누구인가?** 어떤 모습으로 살아가야 하는가? 내 일과 삶은 어떤 의미를 가지고 있는가? 조직생활을 하는 직장인이나 매일의 삶을 살아가는 사람들에게 자신의 정체성과 삶의 의미에 대한 질문은 일상의 내면에 항상 자리 잡고 있는 존재론적 질문이자 삶에 대한 철학적 고민이다.

경영학에서는 이러한 질문을 개인 차원에서 탐구하는 영역이 있는데, 그것이 바로 잡 크래프팅(Job Crafting)이다. 잡 크래프팅은 미국의 레즈네스키(Wrzesniewski)와 더튼(Dutton) 교수가 2001년 논문을 통해 재정립한 개념으로, 일과 삶의 여러 차원에서 과업의 경계, 관계의 경계, 그리고 인지의 경계를 변화시키는 개인의 선택과 관련이 있다.

조직에서 일하는 방식은 일반적으로 조직이나 관리자가 정한 틀 안에서 시작된다. 업무 매뉴얼, 규정, 절차 등으로 정해진 '조직의 일하는 방식'을 근무자는 따르게 된다. 하지만 업무 환경은 이러한 매뉴얼만으로 대응하기 어려운 경우가 많다. 또한 조직의 업무 설계는 근로자의 역량, 개인적 목표, 상황적 차이를 충분히 반영하지 못하는 경우가 많다. 이러한 이유로 근로자는 업무 수행 방식을 자신에게 맞게 변경하려는 노력을 하게 되며, 이러한 과정에서 잡 크래프팅이 발생한다.

레즈네스키 교수의 이론에 따르면, 잡 크래프팅은 주로 과업, 관계, 인지의 영역에서 이루어진다.

첫 번째는 과업의 경계를 변경하는 것이다. 근로자는 자율성이 보장되는 환경에서 자신이 수행하는 과업의 범위를 넓히거나 줄일 수 있으며, 과업의 우선순위를 변경해 어떤 일을 먼저 할 것인지를 선택할 수 있다.

자신의 역량을 충분히 인식하고 더 많은 자원과 기회를 확보할 수 있는 경우, 근로자는 더 많은 과업을 수행하거나 상위 직급의 과업, 예컨대 팀장의 업무 중 일부를 넘겨받는 방식으로 과업의 경계를 확장할 수 있다. 반대로 업무의 성패가 불확실하거나 책임의 경계가 모호한 경우, 근로자는 그러한 과업을 미루거나 회피하며 과업의 경계를 축소할 수도 있다.

두 번째는 관계의 경계를 변경하는 것이다. 근로자는 업무를 수행하며 누구와 상호작용할지 선택할 수 있다. 함께 일하는 동료와의 관계를 더 깊이 형성하거나, 형식적이고 공식적인 관계로 유지할지를 선택할 수 있다.

고객과의 관계를 업무적 수준을 넘어 신뢰 관계로 발전시키는 헤어디자이너처럼, 근로자는 자발적으로 관계를 넓혀 업무의 질을 높일 수 있다. 반대로, 관계를 줄이거나 회피하는 경우도 있다. 예컨대, 리더와의 관계를 회피하고 싶다면 리더와의 미팅을 줄이거나 중요 미팅 직전 또는 직후에 원온원(1:1) 미팅을 배치해 시간 압박으로 미팅 시간을 단축하는 등 간접적 전략을 사용할 수 있다.

세 번째는 인지의 경계를 재정립하는 것이다. 이는 자신이 하는 일을 바라보는 관점과 일의 의미를 새롭게 정의하는 것을 의미한다.

나사의 한 청소부가 자신이 하는 일을 '인류를 달에 보내는 일을 돕는 것'으로 재해석하거나, 간호사가 단순히 환자의 건강을 관리하는 임상적 업무를 넘어 환자와 가족에게 공감과 위로를 전하는 연대를 형성하는 것 등이 이에 해당한다.

잡 크래프팅은 개인이 조직에서 자신의 역할과 업무를 재구성함으로써 일의 의미와 만족감을 극대화하는 방법이다. 이는 개인적 성장을 촉진할 뿐만 아니라 조직의 성과에도 긍정적인 영향을 미칠 수 있다. 변화하는 환경 속에서 근로자가 능동적으로 자신의 경계를 확장하고 재정립하는 것은, 개인과 조직 모두가 지속 가능성을 확보하는 중요한 전략이 될 것이다.

## 접근 크래프팅과 회피 크래프팅

변화와 도전적 환경에 직면했을 때, 사람들은 크게 두 가지 전략을 선택할 수 있다. 하나는 긍정적인 목표를 향해 나아가는 접근 크래프팅(approach crafting) 전략이며, 다른 하나는 부정적인 상태를 회피하고 피해를 최소화하려는 회피 크래프팅(avoidance crafting) 전략이다.

접근 크래프팅은 도전적인 스트레스 요인을 긍정적으로 해석하고 수용하며, 이를 통해 자원을 확장하거나 업무 경험을 향상시키고자 하는 열망에서 비롯된다. 이러한 활동은 업무의 긍정적인 측면을 찾고 이를 강화하려는 노력을 포함하며, 행동적 접근과 인지적 접근으로 나뉜다. 행동적 접근 크래프팅은 구체적인 행동을 통해 자원을 늘리거나 직무를 재구성하는 것을 의미하며, 인지적 접근 크래프팅은 직무의 의미와 가치를 재해석하려는 시도를 포함한다. 이 과정에서 구성원들은 직무 자원 또는 직무 요구를 중심으로 크래프팅을 진행한다. 접근 크래프팅은 직무몰입과 직무만족에 긍정적인 영향을 미치며, 조직에 활력을 제공하고 변화에 대응하는 역량을 강화할 수 있는 기반을 마련한다.

반면, 회피 크래프팅은 작업의 부정적인 측면을 줄이거나 회피하려는 행동을 의미한다. 이는 작업의 일부를 축소하거나 제거하려는 의도로 이루어지며, '자발적 아싸'가 되어 조직과의 상호작용을 최소화하거나, 자신의 업무에만 집중하며 추가적인 회사 업무에는 관여하지 않는 '조용한 퇴사(quiet quitting)'가 이에 해당한다. 회피 크래프팅은 손실회피적이고 예방 지향적인 특성을 가지며, 직무 스트레스 요소나 사회적 요구를 줄이려는 노력이 반영된다. 이는 업무와 사회적 경계를 축소시키고, 체계적으로 작업을 철회하는 태도로 나타난다.

회피 크래프팅은 단기적으로 스트레스와 피로를 줄이는 효과를 제공할 수 있으나, 동료와의 협업에 부정적인 영향을 미치고, 상사와의 관계에서 부정적인 평가를 받을 가능성이 높다. 장기적으로는 개인의 정서와 성과에 부정적인 영향을 끼치며, 조직 전체의 활기를 저하시킬 위험이 있다.

## 잡크래프팅에 영향을 미치는 요인

개인의 능동적 행동에 영향을 미치는 동기부여 요인은 개인적, 조직적 차원에서 다양하게 확인되고 있으며, 특히 환경적 요인과 개인적 특성이 주목받고 있다. 환경적 요인으로는 인지된 조직 지원과 직무 자율성, 개인적 특성으로는 자기효능감이 주요하게 다뤄진다. 또한, 조직의 HR 정책과 리더십, 개인적 동기도 중요한 요인으로 작용한다.

### 1) 인지된 조직 지원

**인지된 조직 지원**은 조직이 직원의 기여를 평가하고 복지에 관심을 가진다고 믿는 정도를 의미한다. 직원이 조직의 지원을 높게 인식할수록 조직에 대한 관심과 애착이 증가하며, 직무에 대한 긍정적인 태도를 형성하게 된다. 이러한 인식은 조직과 직원 간의 **호혜적 사회적 교환 관계**를 반영하며, 직원의 태도와 성과를 예측하는 핵심 요인 중 하나로 간주된다.

특히, 항공운송업 및 호텔과 같은 서비스 산업에서는 업무 환경에 대한 고객 접촉 직원의 인식이 서비스 품질과 고객 만족도에 큰 영향을 미친다. 객실승무원과 호텔 직원의 경우, 조직 지원에 대한 높은 인식은 창의적인 성과를 증진시키고, 동시에 소진과 이직 의도를 감소시키는 데 기여한다. 이는 직원들의 직무 몰입과 조직 성과 향상으로 이어진다.

## 2) 자율성

**직무 자율성**은 작업을 수행하는 과정에서 직원이 가지는 자유와 독립성, 재량권을 의미한다. 높은 수준의 자율성은 직원들이 다양한 대안을 선택할 수 있는 여지를 제공하며, 주인의식과 자신감을 고취시킨다. 특히, 고객 접점에서 근무하는 직원들에게는 재량권이 고객의 다양한 요구를 신속하고 유연하게 대응하는 데 필수적이다.

직무 자율성은 다양한 유형의 잡 크래프팅과 긍정적으로 연관된다. 높은 자율성은 직원이 직무 수행 방식에 대해 더 많은 통제권을 가지게 하며, 도전적인 과제를 적극적으로 해결하려는 동기를 유발한다. 일부에서는 자율성이 과도하게 편안함과 안정성을 추구하는 직원들에게 회피 행동을 허용할 수 있다는 우려를 제기한다. 그러나 루돌프(Rudolph) 등의 연구에 따르면, 직무 자율성이 높은 상황에서 직원들은 회피 행동보다 목표 지향적이고 도전적인 행동을 보이는 경향이 있다. 이는 자율성이 동기부여와 목표 달성 행동을 강화하고, 회피 및 철수 행동을 방지하는 역할을 한다는 것을 보여준다.

## 3) 자기효능감

**사회 인지 이론**에 따르면, 사람들은 결과에 대한 기대와 특정 작업을 수행할 수 있는 자신의 능력에 대한 판단에 의해 동기부여된다. 자기효능감은 이러한 판단에 따라 특정 행동을 수행할 때의 기대, 자신감, 능력에 대한 평가를 결정한다. 높은 자기효능감을 가진 직원은 더 능동적으로 행동하며, 더 나은 성과를 보이는 경향이 있다.

**창의적 자기효능감**은 자기효능감에서 파생된 개념으로, 창의적 결과를 만들어낼 수 있는 능력에 대한 믿음을 의미한다. 이는 개인의 창의적 활동에 대한 내재적 동기를 강화하며, 창의적인 결과를 만들어내기 위한 특정 작업에 대한 자신감을 높인다. 창의적 자기효능감이 높은 직원은 문제를 인식하고, 아이디어를 생성하며, 솔루션을 개발하고, 프로토타입을 제작하는 창의적 인지 프로세스에 더 많은 시간을 투자한다. 이러한 직원들은 주어진 업무를 성공적으로 수행하고 조직 목표를 달성하는 데 기여한다.

특히 **서비스 직원**의 경우, 역동적인 서비스 제공 프로세스에서 고객 불만 등 문제를 창의적으로 해결해야 한다. 창의적 자기효능감이 높은 직원은 혁신적 작업을 수행할 때 발생할 수 있는 불확실성과 실패를 더 잘 극복한다. 이들은 과업 크래프팅을 주도하여 새로운 아이디어나 솔루션을 창출하며, 창의적인 활동을 통해 조직 내 다른 사람들과의 관계를 변화시키는 경향이 있다. 창의적 방식으로 작업을 수행할 수 있다는 믿음과 자신감은 업무에 대한 인식과 의미를 긍정적으로 변화시킨다.

### 4) HR 정책

조직의 **HR 정책**은 직원들이 적극적이고 능동적으로 행동할지, 수동적이고 회피적으로 행동할지를 결정짓는 중요한 요인이다. 이는 직원의 성격이나 기질에 따라 달라질 수도 있지만, 일반적으로 개인의 동기 부여를 강화하는 **업무 설계**와 **리더십** 같은 작업 환경에 의해 크게 영향을 받는다.

광범위한 교육, 권한 부여, 의사결정 참여를 포함하는 **높은 헌신의 인적 자원 관리**는 접근 크래프팅과 긍정적인 관계를 보인다. 또한, 직무 자율성, 전문성 개발 기회, 업무 정체성, 업무 중요성, 피드백, 사회적 지원, 리더-구성원 교환 및 기술 활용과 같은 우수한 HR 설계는 접근 크래프팅을 촉진한다는 실증적 연구 결과와 메타분석이 뒷받침되고 있다. 이러한 HR 정책은 직원들이 직무와 조직에 더 깊이 몰입할 수 있는 환경을 제공한다.

## 5) 리더십

개인의 능동적 행동에 영향을 미치는 중요한 상황 요인 중 하나는 리더십이다. 내적 통제감을 가진 직원은 AI를 도전 과제로 인식하며, 새로운 기술을 배우거나 업무 요구사항을 확장하여 자신의 성장과 발전에 초점을 맞춘다. 반대로, AI를 위협으로 인식하는 직원은 스트레스를 줄이기 위해 업무 요구를 최소화하거나 위험을 회피하는 방향으로 행동한다.

직원들이 AI 도입을 도전 또는 방해로 평가하는 데 있어 리더의 역할은 매우 중요하다. 리더는 AI와 관련된 기술을 익힐 기회를 제공하여 직원들의 자기 통제감을 향상시켜야 하며, AI의 업무 활용에 대해 자율성을 부여함으로써 직원들이 업무 환경을 통제할 수 있다는 믿음을 심어줄 필요가 있다. 자기 결정권이 강화되면 직원들은 AI 도입을 보다 긍정적으로 인식할 가능성이 높아진다. 또한, 리더 스스로가 AI 도입을 통해 더 높은 부가가치를 창출할 수 있다는 인식을 제시하는 것이 필요하다.

## 6) 개인적 동기

모든 직원이 잡 크래프팅에 동기가 있는 것은 아니다. 업무 수행 절차와 동료와의 관계에서 직업적 역할 현저성이 높은 개인이 열정을 가지고 의미를 찾는 잡 크래프팅을 하는 경향이 있다. 업무 수행 과정에서 과업 범위가 뚜렷하고 당사자의 역할 수행이 돋보이며, 업무의 중요성에 대해 본인과 주변 구성원 모두가 공감하고 있을 때 업무에 대한 주인의식과 소유 의식이 높아진다. 따라서 직업적 역할 현저성은 업무 몰입과 업무 중요성에 대한 인식에 영향을 미치며, 능동적인 접근 크래프팅을 이끌어낸다.

잡 크래프팅에 대한 직원의 동기 또한 그 효과에 영향을 미친다. 조직 내에서 더 많은 기회를 찾고 자기 개발을 추구하는 태도를 가진 직원은 접근 크래프팅을 통해 성장과 직무 만족을 추구한다. 조직이 인수합병 등 변화의 과정을 겪고 있을 경우, 직원들은 더 높은 수준의 잡 크래프팅 동기를 가지게 된다. 잡 크래프팅은 어려운 시기를 경험하는 직원에게 유익할 수 있으며, 불안한 환경에 처한 직원일수록 접근 크래프팅을 통해 업무에 대한 애착과 긍정적인 결과를 추구할 수 있다.

# 2

# AI 변화 속에서
# 잡 크래프팅을 활용한 적응 전략

## AI와 잡 크래프팅

잡 크래프팅은 현대 직장에서 중요한 전략으로 자리 잡았으며, AI는 이를 더욱 혁신적으로 지원할 수 있는 방법과 다양한 가능성을 제시하고 있다. AI 기술은 업무 과업, 관계, 그리고 인지의 경계를 재구성하려는 근로자들에게 강력한 도구로 활용되고 있다.

### 1) 과업 경계의 확장과 AI

과업의 경계를 확장하거나 특정 분야에 집중하고자 하는 근로자에게 AI는 효율성과 창의성을 동시에 제공한다. AI 기반 자동화 도구는 반복적이고 시간이 많이 소요되는 작업을 대신 처리함으로써, 직원이 보다 가치 있는 과업에 집중할 수 있도록 지원한다. 예를 들어, 데이터 분석과 같은 정교한 작업에서 AI는 복잡한 문제를 신속히 해결해주어 업무 역량의 폭을 넓히는 한편, 새로운 도전 과제를 수용할 수 있는 기반을 마련해 준다. 특히, 학습 알고리즘을 통해 사용자 맞춤형 지원을 제공함으로써 개인의 역량 개발을 돕는 데 효과적이다.

## ✓ 사례 업무 간소화와 생산성 향상

업무를 간소화하고 생산성을 높이기 위해 다양한 AI 도구가 주목받고 있다. 아사나(Asana)는 프로젝트 관리 및 워크플로 작업을 자동화하여 일정을 효율적으로 관리한다. 클라라(Clara)는 가상 비서로, 회의 일정을 조정하고 참석자 간 소통을 도우며 일정 확정 시 세부 정보를 추가한다. DHL은 머신러닝과 데이터 분석을 통해 수요를 정확히 예측하고, 이를 기반으로 최적의 재고 관리를 한다. 또한, AI 자동 시스템은 발송물의 국제 운송 규정 준수 여부를 검토하고, 규정을 충족하지 못할 경우 추가 점검을 통해 리스크를 최소화한다. 이를 통해 배송 처리 시간을 단축하고, 규정 준수 프로세스를 25% 향상시키며, 물품 식별 정확도를 90%까지 끌어올렸다.

## ✓ 사례 창의적 작업의 효율성 향상

아도비(Adobe)의 AI 기반 디자인 툴인 센세이(Sensei)는 색상 조합 제안, 패턴 생성 등 반복적인 작업을 자동화한다. 그래픽 디자이너는 센세이를 '어시스턴트'로 활용하여 지루하고 시간이 소요되는 작업에서 벗어나 창의적인 기획에 더 많은 시간을 투자할 수 있다.

### 2) 관계 경계의 확장과 AI

관계의 경계를 확장하거나 집중하려는 근로자에게 AI는 네트워킹과 협업을 위한 혁신적인 플랫폼을 제공한다. 예를 들어, AI 기반 가상 협업 도구는 전 세계의 동료 및 전문가들과 실시간으로 연결할 수 있도록 지원하며, 자동 번역 기능과 실시간 피드백 도구는 문화적, 언어적 장벽을 허

물어준다. 고객과의 상호작용에서도 AI 챗봇은 즉각적이고 맞춤형 지원을 통해 신뢰 관계를 강화한다. 반대로, 관계를 축소하거나 회피하고자 할 때는 AI를 활용하여 일정 관리 및 커뮤니케이션의 효율성을 높여, 과도한 인간적 교류를 조정하는 데 도움을 줄 수 있다.

### ✔ 사례 글로벌 프로젝트의 실행 속도 향상

딥엘(DeepL)은 AI 기반 실시간 번역 도구로, 다국적 기업에서 서로 다른 국적의 구성원들이 원활히 소통할 수 있도록 지원한다. 이 도구를 활용한 온라인 미팅은 언어 장벽을 제거하여 글로벌 프로젝트의 실행 속도를 크게 향상시킨다.

### ✔ 사례 고객 상담 효율성과 신뢰 강화

젠데스크(Zendesk)는 AI 챗봇을 사용해 24시간 고객 상담을 제공하면서도, 복잡한 문제는 상담원에게 연결하는 시스템을 설계했다. 이를 통해 상담원은 단순 반복 업무에서 벗어나 고객 신뢰를 구축하는 데 집중할 수 있게 되었으며, 상담 품질이 향상되었다.

### 3) 인지 경계의 확장과 AI: 업무 본질에 대한 새로운 이해

업무에 대한 인지적 경계를 확장하거나 재구성하려는 근로자들에게 AI는 업무의 본질을 새롭게 이해할 수 있는 기회를 제공한다. AI는 복잡한 데이터를 시각화하거나 트렌드를 분석하여 업무에 대한 새로운 시각을 열어주며, 창의적 사고를 자극한다. 예를 들어, 의료 분야에서 간호사가 환자의 건강 기록을 AI 기반 분석 도구로 검토하면서 환자 치료의 더 깊은 의미를 발견할 수 있다. 또한, 연구자는 과학적 데이터를 분석해 사회적 영향을 고려한 연구 방향을 설정하는 데 도움을 받을 수 있다. AI는 반복적인 업무에서도 새로운 창의적 요소를 발견할 수 있도록 돕는다.

### ✓ **사례** 환자 건강 관리의 신뢰 강화

의료 분야에서 간호사들은 AI 기반 건강 분석 도구(예: IBM Watson Health)를 활용해 환자의 건강 기록을 분석하고 잠재적 문제를 사전에 발견할 수 있었다. 이를 통해 환자와의 관계에서 심층적인 신뢰를 형성할 수 있었다.

### ✓ **사례** 데이터 인사이트를 통한 협업 강화

금융 분석가들은 AI 데이터 시각화 툴(예: Tableau)을 활용해 복잡한 금융 데이터를 이해하기 쉬운 형태로 변환했다. 이를 통해 조직 내 다양한 부서 간 협업이 더 원활하게 이루어졌으며, 새로운 데이터 인사이트를 제공함으로써 업무의 의미를 재구성할 수 있었다.

# 3
# AI와 잡 크래프팅의 미래

**AI의 도입은 직원들이 잡 크래프팅을 수행하는 방식에 변화를 가져오고 있다.** AI를 도전과 기회로 인식하는 직원들은 이를 적극 활용하여 새로운 것을 배우고 자신의 역량을 확장하며 성장과 발전을 도모한다. 반면, AI를 위협으로 느끼는 직원들은 스트레스를 줄이기 위해 업무 요구를 최소화하거나 위험을 회피하는 방식으로 행동할 가능성이 높다.

이러한 변화가 긍정적인 방향으로 나아가도록 하기 위해 조직은 다음과 같은 HR 정책을 실현할 필요가 있다.

첫째, 직원들에게 AI 기술을 학습하고 개발할 기회를 제공하며, 이를 업무에 적극 활용할 수 있도록 지원하고 장려해야 한다.

둘째, AI를 활용한 잡 크래프팅이 업무 효율성 향상으로 이어질 수 있도록 개방적이고 자율적인 업무 환경을 조성해야 한다.

셋째, 리더는 AI를 긍정적인 기회로 인식하고, 이를 활용한 비전과 전략을 직원들과 공유하여 신뢰와 동기 부여를 강화해야 한다.

잡 크래프팅은 조직 변화에 대응하고 직무 몰입도와 웰빙을 향상시키는 효과적인 전략이다. AI는 이러한 잡 크래프팅의 긍정적 가능성을 더욱 높이는 도구로 작용할 것이다. AI를 통해 업무를 재창조하는 직원들은 변화하는 환경 속에서도 자신의 업무를 재정의하며, 개인적 목표와 조직적 목표 간의 조화를 추구할 수 있다. 이와 같은 프로세스가 정착된다면, 조직과 개인 모두에게 긍정적인 성과를 가져오는 지속 가능한 발전이 가능할 것이다.

영화 토탈 리콜에서 주인공 퀘이드는 반란군의 지도자 쿠아토를 만나, 기억을 되찾고 싶어하는 자신의 갈등을 이야기한다. 이때 쿠아토는 그에게 중요한 조언을 한다.

"사람은 기억이 아니라 행동으로 정의됩니다."
"You are what you do.
A man is defined by his actions, not his memory."

AI라는 도구가 우리 손에 쥐어진 지금, 중요한 것은 AI 자체가 아니라 그것을 활용하는 우리의 의지와 행동이다. 잡 크래프팅과 AI가 만나 만들어낼 혁신은 결국 우리 스스로가 어떻게 행동하고 이를 어떻게 활용하느냐에 달려 있다.

Who am I

**양승현**

# 기술과 인간성의 조화

## AI 시대, 나의 새로운 역할

# 1

# AI 시대, 나에게 찾아온 변화

## 기술이 바꿔놓은 일상과 직장

AI는 내가 맡은 업무뿐만 아니라 일상생활 전반에 걸쳐 커다란 변화를 가져왔다. 과거에 사람이 직접 눈으로 확인하고 오감을 통해 분석했던 작업들이 이제는 AI와 IoT 기술의 결합으로 시공간의 제약 없이 정밀하게 처리되고 있다. 이런 기술의 발전은 단순히 업무를 편리하게 하는 데 그치지 않고, 안전관리의 질적 수준을 크게 향상시켰다.

특히, AI 기술은 위험 요소를 사전에 감지하고 사고를 예방할 수 있는 새로운 안전관리 패러다임을 구축하고 있다. 과거에는 사고가 발생한 후 원인을 분석하고 재발 방지에 초점을 맞췄다면, 이제는 AI 기술을 활용해 잠재적 위험을 사전에 파악하고 예방조치를 취함으로써 사고 자체를 방지할 수 있게 되었다. 예를 들어, 각종 센서를 통해 실시간으로 현장 상태를 모니터링하며 이상 징후를 감지하고, 이를 AI가 분석하여 관리자에게 즉시 알림을 보내는 시스템은 안전관리 업무의 사각지대를 줄이는 데 기여하고 있다. 이는 관리자가 보다 신속하고 정확한 의사 결정을 내릴 수 있도록 돕고, 결과적으로 조직의 전반적인 안전 수준을 한 단계 끌어올리는 데 중요한 역할을 한다.

AI는 일상생활에서도 점점 더 깊숙이 자리 잡고 있다. 스마트폰에서 가정의 가전제품까지 AI는 일상생활의 단순화와 최적화를 통해 개인의 편의성을 극대화하고 있다. 예를 들어, 스마트 홈 시스템은 화재나 가스 누출과 같은 위험 상황을 미리 감지하고 사용자에게 즉각 알리는 알람 기능을 통해 사고를 예방하며, 노약자나 반려동물의 상태를 실시간으로 모니터링해 안정감을 제공한다. 안전은 단순히 위험을 감지하는 것을 넘어 사용자가 잠재적 위협을 의식하지 않을 정도로 높은 신뢰를 제공하는 것이며, 이러한 시스템은 편의성과 함께 현대인의 삶의 질을 크게 향상시킨다. 또한, AI와 IoT 기술의 융합으로 스마트 홈은 사용자 개인의 생활 패턴에 맞춰 환경을 자동 조정해 에너지 효율성과 지속 가능성을 실현하고 있다. 이를 통해 우리의 일상은 더 안전하고 편리해지며, 첨단 기술이 인간의 삶에 긍정적인 변화를 가져오는 데 크게 기여하고 있다.

직장에서도 AI는 업무의 방식을 크게 변화시키고 있다. AI 기반 데이터 분석 도구는 방대한 양의 데이터를 빠르고 정확하게 처리하고 분석하며, 기존 데이터 분석 방식으로는 얻기 어려웠던 새로운 통찰력을 제공한다. 과거 직무교육 설문 분석에 한 달이 걸려, 그 사이 환경 변화에 대응하지 못한 보고서가 폐기되는 경우가 많았다. 그러나 현재는 AI 기술을 통해 데이터를 기반으로 의사 결정을 내리고, 조직의 성과를 극대화하는 데이터 중심 문화를 구축할 수 있게 되었다.

이제는 고객의 니즈 변화를 즉각적으로 파악하고, 그에 따른 대응 전략을 신속히 수립할 수 있다. 과거의 데이터는 '보고서'라는 정적인 형태로 존재했지만, 지금의 데이터는 '살아 움직이는' 동적인 자산으로 변화했다. AI 기술은 점점 더 정교하고 예측 가능한 분석을 가능하게 하고 있으며, 이를 통해 우리는 미래를 선도하고 지속 가능한 성장을 이룰 수 있을 것이다.

## AI가 가져온 기회와 도전

**AI는 단순히 업무 자동화를 넘어서, 나와 같은 직장인들에게 새로운 기회와 도전을 동시에 제공하고 있다.** 과거 반복적이고 시간이 많이 걸리는 데이터 수집과 보고서 작성 업무는 직원들의 집중력을 분산시키고 핵심 업무 몰입도를 떨어뜨려, 결과적으로 보고서의 질을 저하시켰다. 그러나 이제는 AI가 이러한 작업을 대신 처리함으로써, 우리는 보다 창의적이고 전략적인 업무에 집중할 수 있는 기회를 얻게 되었다.

뿐만 아니라, AI는 개인적인 삶에도 긍정적인 영향을 미치고 있다. 업무 시간이 단축됨에 따라 여가 시간을 확보할 수 있게 되었고, 이를 통해 가족과 함께 시간을 보내거나 자기 계발과 같은 개인적인 성장 활동에 투자할 수 있는 여유가 생겼다. AI 기술은 업무와 삶 모두에서 효율성과 만족도를 높이며 우리의 일상을 변화시키고 있다.

그러나 AI 기술의 발전은 우리에게 새로운 도전 과제를 안겨주기도 한다. 빠르게 변화하는 AI 기술을 따라잡기 위해 끊임없이 배우고 성장해야 한다는 부담감이 커지고 있다. 데이터 분석, 머신러닝 등 새로운 기술을 습득하는 과정은 외국어를 배우는 것처럼 많은 시간과 노력이 필요하다. 이러한 어려움은 때때로 압박으로 다가올 수 있지만, 이를 극복하고 AI 기술을 효과적으로 활용할 수 있다면 더 높은 수준의 업무를 수행하고, 개인과 조직 모두 경쟁력을 강화할 수 있을 것이다.

나는 AI 기술이 단순한 도구가 아니라, 우리의 삶과 업무 방식을 근본적으로 변화시키는 혁신적인 기술이라고 생각한다. AI를 잘 활용하는 사람은 더 많은 기회를 얻을 수 있는 반면, AI를 두려워하거나 외면하는 사람은 점차 뒤처질 수밖에 없다. 따라서 우리는 AI 시대에 필요한 새로운 역량을 꾸준히 학습하고, 변화에 적극적으로 대응하며, 나만의 강점을 살려 AI 시대를 주도적으로 이끌 준비를 해야 한다.

앞으로 AI는 우리의 삶에 더욱 깊이 스며들 것이며, 우리는 AI와 함께 살아가는 방법을 배우게 될 것이다. AI 기술의 발전은 인류에게 수많은 기회를 제공할 것이지만, 동시에 새로운 문제와 도전 과제를 야기할 수도 있다. 우리는 이러한 문제들을 해결하고, AI 기술이 인류 발전에 기여할 수 있도록 현명하게 활용해야 할 것이다. AI는 우리에게 도구이자 동반자로서, 개인과 사회의 성장을 위한 강력한 원동력이 될 것이다.

# 2

# AI 시대, 무엇을 해야 하는가?

## | 개인 차원 |
## 나의 가치를 발견하고, 인간다움을 실천하자

### 끊임없는 배움이 이끄는 성장

**AI 시대에서는 학습이 멈추지 않는 사람이 성장할 수 있다.** 현재 나는 다양한 자격증 취득을 위한 학습을 하고 있으며, 이를 통해 사람 중심의 미래 사회를 만드는 데 기여하고 싶다. AI 기술의 발달로 직업 환경이 급변하는 시대에 사람들의 잠재력을 최대한 발휘할 수 있도록 돕고, 그들이 안전하고 행복한 삶을 누릴 수 있도록 지원하고자 한다.

또한, AI 시대는 기술과 인문학이 융합된 융합형 인재를 요구한다고 생각한다. 나는 이러한 시대적 요구에 부응하여 인간과 기술이 공존하는 미래 사회를 만들기 위해 끊임없이 배우고 성장하려고 한다. 철학과 심리학을 통해 사람들의 심리적 안정과 직무 만족도를 높이는 방안을 연구하며, 인간의 존엄성과 가치를 깊이 고민하고자 한다. 이를 바탕으로 모두가 성장할 수 있는 사회를 만드는 데 기여하는 사람이 되고 싶다.

## 호기심과 유연함으로 도전하다

나는 호기심과 유연함을 강점으로 삼아 AI 시대의 변화에 적극적으로 대응하고자 한다. 호기심은 더 나은 방법을 탐구하게 하고, 유연함은 변화하는 환경 속에서 새로운 길을 찾게 한다. 이러한 태도는 직장과 개인의 삶에서 나를 한 단계 더 성장하게 만드는 원동력이 된다.

호기심은 기존 업무 프로세스를 분석하며 더 효율적인 방법을 찾기 위해 끊임없이 질문하고, 새로운 기술을 배우며 문제 해결에 적용해 보는 데 큰 즐거움을 준다. 특히, AI를 활용한 데이터 분석을 통해 숨겨진 인사이트를 발견하고, 이를 바탕으로 혁신적인 아이디어를 도출하는 경험은 내게 큰 성취감을 안겨주었다.

유연함은 불확실한 미래에 대비하고 빠르게 변화하는 환경에 적응하는 데 필수적이다. 예상치 못한 문제가 발생하더라도 긍정적인 태도로 이를 마주하며, 다양한 시각에서 문제를 바라보고 창의적인 해결 방안을 모색할 수 있다.

AI 시대는 단순히 기술을 도구로 활용하는 것을 넘어, 인간과 AI가 함께 성장하는 시대라고 생각한다. AI 기술을 활용해 인간의 잠재력을 극대화하고, 더 나은 세상을 만들 수 있을 것이다. 이를 위해 새로운 변화에 유연하게 대응하며, 나만의 강점을 살려 미래를 개척해 나가는 것은 단순히 개인의 성장을 넘어 조직과 사회의 발전에도 기여할 수 있는 중요한 방향성을 제시한다고 믿는다.

## | 조직 차원 |
# 협력과 포용으로 미래를 준비하자

### 조직 내 협력과 포용의 문화

AI는 데이터 기반 의사 결정과 자동화를 통해 조직의 효율성을 획기적으로 높이고 있다. 하지만 기술만으로는 모든 문제를 해결할 수 없다. 조직의 역량이 극대화되기 위해서는 협력과 포용의 문화가 뒷받침되어야 한다. AI가 제공하는 방대한 데이터를 분석하고 이를 바탕으로 최적의 솔루션을 도출하기 위해서는 다양한 분야의 전문가들이 협력해야 한다.

특히, 내가 속한 안전관리 분야에서 AI를 활용한 실시간 위험 예측과 사고 예방 시스템을 구축하려면 안전 전문가, 데이터 분석 전문가, IT 전문가 등 다양한 분야의 사람들이 긴밀히 협력해야 한다. 이들의 협력은 각기 다른 관점과 전문성을 결합하여 더욱 효과적인 시스템을 만들 수 있게 한다.

팀원 간 협력은 데이터 공유를 통해 더 정확한 분석을 가능하게 하고, 다양한 관점을 반영하여 더 나은 해결책을 도출하는 데 기여한다. 정기적인 협업 회의를 통해 팀원들은 아이디어를 공유하고 피드백을 주고받으며 혁신적인 아이디어를 발굴할 수 있다. 이러한 협력은 조직 내 모든 구성원이 AI 기술의 활용을 통해 성과를 창출할 수 있는 기반을 마련해 준다.

포용적인 문화는 또 다른 중요 요소이다. 다양한 배경과 경험을 가진 구성원들이 자신의 의견을 자유롭게 개진하고, 새로운 아이디어를 제시할 수 있는 환경을 조성하는 것은 조직의 발전에 필수적이다. 특히, AI 도입 초기에는 기술에 대한 두려움이나 변화에 대한 저항감을 느끼는 구성원들도 있을 수 있다. 이러한 구성원들을 배려하고, 그들이 변화에 적응할 수 있도록 충분한 교육과 지원을 제공하는 것이 중요하다.

AI 시대는 기술뿐만 아니라 사람의 역할이 더욱 중요해진 시대다. 협력과 포용을 바탕으로 조직 구성원 모두가 AI 기술의 발전에 참여하고, 조직의 성장에 기여할 때 비로소 AI는 조직의 경쟁력을 높이는 강력한 도구가 될 수 있다. AI와 사람 간의 조화를 통해 조직은 지속 가능한 발전을 이루며, 미래를 준비할 수 있을 것이다.

## AI 시대, 조직 내 새로운 역할 찾기

AI 시대는 조직 내 기존 역할을 재정의하며, 특히 안전관리와 같은 분야에서도 데이터 분석과 디지털 기술 활용 능력이 필수적인 역량으로 요구되고 있다. 기존에는 현장의 위험을 관리하는 데 초점이 맞춰졌다면, 이제는 데이터를 기반으로 사고를 예측하고 실시간으로 대응하는 능력이 더욱 중요해지고 있다. 조직 구성원은 이러한 변화 속에서 조직의 디지털 전환을 지원하며, 새로운 역할을 맡아 AI 기술 도입과 활용 방안을 모색해야 한다. 이를 통해 조직 내 변화를 주도하고, 효율성과 생산성을 높일 수 있도록 해야 한다.

AI 기술을 조직에 성공적으로 정착시키기 위해서는 기술 활용에 대한 지식뿐만 아니라, 팀원들과의 협력과 공유 문화가 필수적이다. 나는 팀원들과 함께 AI 도구 사용법을 익히고, 이를 바탕으로 데이터 분석 결과를 실무에 반영하려 노력하고 있다. 단순히 새로운 기술을 배우는 것에 그치지 않고, AI가 조직의 실질적인 문제 해결과 성과 향상에 기여할 수 있도록 팀원들과 지속적으로 소통하며 협업하는 문화를 조성하고 있다.

조직 내에서 AI를 활용하는 일은 단순히 기술을 도입하는 것을 넘어, 이를 통해 조직 전반의 역량을 강화하고 생산성을 높이는 것을 목표로 해야 한다. 또한 AI 기술을 활용하여 데이터 기반 의사결정을 지원하고, 조직원들이 AI 기술의 가치를 체감할 수 있도록 해야 한다.

궁극적으로, AI를 단순히 배우는 도구로 한정하지 않고, 이를 통해 조직의 경쟁력을 강화하고, AI 시대에 걸맞은 새로운 역할과 방향성을 제시해야 한다. 나는 조직이 AI를 활용하여 더욱 스마트하고 효율적인 방식으로 일할 수 있도록 도와야 하며, 이를 통해 AI 시대의 변화와 도전을 기회로 만들어야 한다.


## | 사회 차원 |
# 기술과 인간성의 균형을 이루자

### 기술과 인간성의 공존

AI 시대에 기술은 우리 삶의 많은 부분을 변화시키고 있다. 그러나 기술이 아무리 발전하더라도, 인간의 감성, 창의성, 공감 능력은 여전히 중요한 가치로 남아 있다. 예를 들어, 안전관리 분야에서는 AI를 활용하여 위험을 예측하고 사고를 예방할 수 있지만, 현장의 복잡한 상황을 판단하고 적절한 조치를 취하는 데에는 인간의 역할이 필수적이다.

AI는 위험 요소를 분석하고 경고를 발령할 수 있지만, 현장 작업자의 심리 상태나 외부 환경 변화와 같은 예상치 못한 변수는 AI가 완전히 처리할 수 없는 영역이다. 이런 변수들을 종합적으로 고려하여 최종적인 판단을 내리는 것은 결국 인간의 몫이다. 따라서 기술과 인간의 협력은 반드시 조화를 이루어야 하며, 이는 안전관리뿐만 아니라 모든 사회적 시스템에서 중요한 원칙으로 자리 잡아야 한다.

기술과 인간성의 조화는 개인의 문제를 넘어 조직과 사회 전체의 과제이기도 하다. 조직은 AI를 활용하여 업무 효율성을 높이는 동시에, 인간 중심의 가치를 추구해야 한다. 이를 위해 직원들이 AI 기술을 배우고 활용할 수 있도록 역량 개발을 지원하고, 자율적인 의사결정을 장려하는 조직 문화를 구축하는 것이 중요하다.

인간다움이란 타인에 대한 공감과 사회적 책임감을 바탕으로 더 나은 세상을 만들어가는 것이다. AI 시대에는 기술 발전을 통해 삶의 질을 향상시키는 동시에, 인간 관계를 소중히 여기고 사회적 약자를 배려하는 삶이 중요하다. AI 기술이 우리의 일상과 업무를 더욱 편리하게 만들어 주지만, 이를 통해 얻어진 효율성을 인간다움의 가치를 실현하는 데 사용할 때 진정한 사회적 의미를 가질 수 있다.

나는 안전관리 전문가로서 기술과 인간성의 균형을 이루기 위해 노력하고 있다. AI를 통해 더 안전하고 효율적인 시스템을 구축하는 동시에, 인간의 판단과 감정을 존중하며, 조직과 사회를 더 안전하고 행복하게 만드는 데 기여하고자 한다. AI 기술은 우리가 더 나은 세상을 만들기 위한 도구이며, 이를 인간 중심의 가치와 결합할 때 비로소 지속 가능한 발전이 가능하다.

## AI가 할 수 없는 것: 감성과 공감

AI는 객관적인 데이터를 기반으로 빠르고 정확한 판단을 내릴 수 있지만, 인간의 복잡한 감정과 상황의 맥락을 이해하는 데에는 분명한 한계가 있다. 특히, 멘토링이나 상담과 같이 개인의 성장을 돕는 활동에서는 따뜻한 공감과 맞춤형 조언이 무엇보다 중요하다. 나는 주위 사람들과 대화하며 그들의 고민을 경청하고 공감하며, 함께 맞춤형 성장 계획을 설계하는 일이 단순히 업무를 넘어 인간적인 교류의 가치를 느끼게 해주는 시간이라고 생각한다.

AI 시대에는 데이터 기반 의사 결정이 중요한 만큼, 인간의 직관과 공감 능력이 더욱 필요해질 것이다. 예를 들어, 챗봇을 활용해 초기 상담을 진행한 뒤, 인간 상담사가 심층적인 상담을 제공하는 하이브리드 모델이 점차 발전하고 있다. 이러한 협력 모델은 AI와 인간이 각자의 강점을 최대한 발휘하여, 보다 효과적이고 인간적인 서비스를 제공할 수 있는 기반을 마련한다.

기술과 인간성의 조화는 단순히 기술을 활용하는 것에 그치지 않고, 인간의 가치를 존중하며 더 나은 세상을 만들어가는 것이다. AI는 효율성과 정밀성을 제공하지만, 공감과 감성은 오직 인간만이 발휘할 수 있는 고유한 강점이다. 우리는 AI 시대에도 이러한 인간의 따뜻함을 잃지 않고, 기술과 인간성이 함께 성장하는 사회를 만들기 위해 노력해야 할 것이다. AI와 인간의 협력을 통해 우리는 더욱 풍요롭고 균형 잡힌 미래를 만들어갈 수 있을 것이다.

# 3
# 나의 미래를 위한 도전과 계획

## 자격증 취득과 직업적 전문성 강화

나는 AI 시대에 경쟁력을 갖추고, 현재 직무에서 높은 전문성을 발휘하기 위해 다양한 자격증 취득을 목표로 하고 있다. 이러한 자격증들은 단순히 학습의 결과물을 넘어, 나에게 새로운 가능성을 열어주고 조직과 사회에서 더 나은 역할을 수행하기 위한 밑거름이 될 것이다. 특히, AI와 기술 혁신이 중심이 되는 시대에 자격증 취득은 기술적 전문성을 쌓는 데 중요한 도구가 되며, 이를 통해 업무 수행에 필요한 실질적인 역량을 강화하고자 한다.

그러나 나의 전문성 강화는 자격증 취득이라는 목표에 그치지 않는다. 중요한 것은 자격증을 기반으로 한 실제적인 적용과 발전이다. 내가 배우고 익힌 지식은 단순한 이론으로 머무는 것이 아니라, 실제 문제를 해결하고 조직의 효율성을 높이는 데 활용된다. 이는 개인의 성장뿐만 아니라, 조직 전체의 성과 개선에 기여하며, 기술을 배우는 목적을 명확히 보여준다.

AI 시대에서는 모든 직장인이 기술적 전문성을 높이고 변화에 적응하는 역량을 갖추는 것이 필수적이다. 이를 위해 나는 주기적으로 세미나와 워크숍에 참여하여 최신 기술 동향과 업계 흐름을 파악하고 있다. 뿐만 아니라, 학습한 지식과 기술을 동료들과 공유하며 팀 전체의 역량을 강화하는 데 집중하고 있다. 이러한 활동은 나의 성장뿐만 아니라, 조직이 기술 변화에 유연하게 대응하고 경쟁력을 유지할 수 있는 기반을 마련한다.

나는 앞으로도 지속적으로 학습하고, 이를 실무에 적용하며, 변화하는 시대에 발맞춰 나아갈 것이다. 전문성 강화는 단순히 개인의 성장을 위한 과정이 아니라, 조직과 사회의 발전으로 이어질 수 있는 중요한 요소라고 믿는다. 나는 이러한 목표를 실현하기 위해 도전을 멈추지 않고, 기술과 인간성의 조화를 이루는 미래를 만들어 나가고자 한다.


## 성장과 학습을 지속하자

**성장은 멈추지 않는 학습에서 비롯된다.** 최근 나는 개인주의 심리학의 창시자인 아들러의 책에서 깊은 영향을 받았다. 그는 타인과의 관계 속에서 의미를 찾고 함께 성장해야 한다는 주장을 통해, 업무적인 성공을 넘어 진정한 만족과 행복을 찾는 데 필요한 통찰력을 제공했다. 이러한 통찰은 조직 내에서 더 나은 의사결정을 내리고 팀원들과의 관계를 강화하는 데 큰 도움을 준다.

나는 학습과 성장이 긴밀히 연결되어 있다고 믿는다. 매달 목표를 세우고 이를 실천하며 새로운 스킬을 배우거나 기존의 스킬을 발전시키는 것을 목표로 삼고 있다. 이러한 경험은 나에게 자신감을 주고, 더 큰 목표를 향해 나아갈 수 있는 추진력을 제공한다. 또한, 가족과 함께 월 1회 등산을 하며 자연 속에서 마음을 정리하고 에너지를 충전하는 시간을 갖는다. 이는 삶의 균형을 유지하고 지속적인 성장을 가능하게 하는 중요한 활동으로 자리 잡고 있다.

앞으로도 나는 배우고 실천하며 개인적 성장은 물론, 주변 사람들에게도 긍정적인 영향을 미치는 삶을 살아가고자 한다.


## AI 시대, 나의 길

AI는 단순히 업무 효율성을 높이는 도구가 아니라, 나의 사고 방식 자체를 변화시켰다. 데이터 분석을 통해 문제를 객관적으로 바라보고 해결책을 찾는 능력이 향상되었고, 자동화된 업무를 통해 더 창의적인 작업에 집중할 수 있게 되었다. 그러나 기술은 어디까지나 도구일 뿐이며, 인간다움이라는 가치는 계속해서 되새겨야 할 중요한 부분이다. 나는 인간다움을 공감 능력, 윤리 의식, 그리고 끊임없이 배우고 성장하려는 자세로 정의한다.

AI 시대에는 기술과 인간이 상호 보완하며 협력해야 한다. AI는 데이터 분석과 반복적인 작업을 효율적으로 처리하고, 인간은 창의적인 문제 해결과 인간 관계를 담당해야 한다. 이를 위해 우리는 AI 시대에 필요한 역량을 키우는 동시에, 인간적인 교류 활동을 강화해야 한다. 다양한 커뮤니티 활동을 통해 사람들과 소통하고 사회 문제에 대한 공감대를 형성하며, 해결 방안을 모색하는 것이 중요하다.

그러나 AI의 발전과 함께 데이터 프라이버시 침해, 알고리즘 편향 등 윤리적 문제가 대두되고 있다. 이를 해결하기 위해 AI 개발 단계에서부터 윤리적 고려가 반영되어야 한다. 더불어 AI 교육을 통해 윤리 의식을 함양하고, 사회적 합의를 도출하는 노력이 필수적이다.

AI 시대는 기술이 모든 것을 대체하는 시대가 아니다. 기술은 인간이 가진 가치를 더 크게 발휘할 기회를 제공한다. 개인은 정체성과 인간다움을 중심으로 삼고, 조직은 협력과 포용을 실천하며, 사회는 기술과 인간성의 균형을 이루는 방향으로 나아가야 한다. 기술은 우리의 삶을 바꾸는 강력한 도구이지만, 그 도구를 어떻게 사용할지는 우리의 선택에 달려 있다.

따라서 우리는 AI를 단순히 산업 발전의 도구로만 보지 않고, 인간의 행복과 삶의 질을 높이는 데 기여할 수 있도록 설계해야 한다. 교육과 정책 역시 기술만 강조하는 것이 아니라, 인간다움, 협력, 공감이라는 가치를 가르쳐야 한다. AI와 인간성이 조화를 이루며, 기술과 인간다움의 균형을 유지하는 방향으로 나아가야 한다.

결론적으로, AI는 우리 삶을 변화시키는 강력한 도구다. 하지만 이 도구를 사용하는 방식은 우리의 선택에 달려 있다. 인간 중심의 가치를 잊지 않고, 기술과 인간이 조화롭게 공존하는 미래를 만들어 나가야 한다. 이러한 노력은 우리가 만들어갈 미래를 인간 중심의 사회로 이끌어 갈 중요한 원동력이 될 것이다.

# Who am I

# 성장하는 조직

Who am I

**유병선**

# 진짜 일의 정의

## AI와 함께 성장하는 조직의 변화

# 1

# VUCA·BANI 시대, 불황을 뛰어넘는 생존법

 최근 몇 년 동안 경제에 대해 가장 많이 언급된 이야기는 '뉴노멀 불황의 고착화'였다. 이러한 현상은 이제 현실로 자리 잡았으며, 현대 사회의 특징을 설명하기 위해 'VUCA'와 'BANI'라는 용어가 자주 사용되고 있다. 'VUCA'는 변동성(Volatility), 불확실성(Uncertainty), 복잡성(Complexity), 모호성(Ambiguity)을 나타내며, 'BANI'는 깨지기 쉬운 경직성(Brittle), 불안정성(Anxious), 비선형성(Nonlinear), 이해 불가능성(Incomprehensible)을 뜻한다. 이 두 가지 개념은 현대 경제 환경의 복잡성과 불확실성을 잘 설명해주는 중요한 키워드로 자리 잡고 있다.

 VUCA와 BANI로 대표되는 불황의 고착화된 시대는 경제적 불확실성과 사회적 불안감을 증폭시키며, 기존의 질서와 명확한 규칙들이 사라지는 상황을 만들어낸다. 이러한 환경은 개인과 기업 모두에게 새로운 생존 전략을 요구하며, 변화에 적응하고 학습하는 역량의 중요성을 강조하고 있다. 특히, 변화하는 시장에 대한 빠른 대응과 학습 능력, 그리고 고객 요구를 신속히 파악하고 혁신을 이루는 현실 적응력이 필수적이다.

 이러한 변화는 디지털 기술의 급격한 발전에서 비롯된 것으로 보인다.

1990년대에는 인터넷과 브라우저 기술이 정보를 기반으로 세상을 연결하며 정보화 시대를 열었다. 이어서 2007년 이후에는 스마트폰 기술과 소셜미디어의 발전으로 개인의 삶이 모바일 중심으로 변화하며, 글로벌 시장에서는 빅 테크 기업들이 주도적인 역할을 했다. 최근에는 AI 기술, 특히 2022년부터 가속화된 AGI 기반 ChatGPT 기술 경쟁이 심화되면서, 앞으로 세상이 변화하는 속도는 더욱 빨라질 것으로 보인다. 이는 상상하기조차 어려운 새로운 시대를 열어가고 있음을 의미한다.

출처: 미래핵심기술 및 DX트렌드, 산단공 박상곤 교수, 한국스마트컨설팅교육원

요즘 시대의 생존 키워드는 단연 '적응력'이다. 기존의 비즈니스 모델이나 전략만으로는 불확실한 환경에서 성공하기 어려워졌기 때문에, 항상 변화하고 적응하는 자신만의 방식을 개발하는 것이 필수적이다. 또

한, 개인과 기업이 혼란스러운 상황에서도 자신감을 잃지 않고 목표를 향해 지속적으로 나아갈 수 있도록 지원하는 다양한 접근 방식이 요구되는 시점이다.

결국 디지털 기반의 변화가 가속화된 **VUCA·BANI 시대**는 단순히 불황을 넘어서는 복잡한 사회 구조와 지속적인 불확실성을 극복하기 위해 새로운 지혜와 역량을 요구하는 시대이다. 이러한 변화는 개인의 행복과 경제적 성공뿐만 아니라 기업과 사회 전반의 안정성에도 큰 영향을 미치고 있다.

**그렇다면 이와 같은 시대에 어떻게 잘 적응할 수 있을까?** 그 답은 디지털 기술의 변화에 민첩하게 대응하는 능력에 있다. 디지털 세대는 이미 이러한 변화에 익숙하며, 특히 AI와 AGI, ChatGPT와 같은 첨단 인공지능 기술이 빠르게 다가오고 있는 시대에 디지털 세대에 발 맞추어 미래를 준비하는 것이 필수적이다. 이러한 AGI 디지털 적응을 통해 개인과 기업 모두가 더욱 불확실한 환경에서도 성공적으로 적응하고, 지속 가능한 성장을 이루어 낼 수 있을 것이다.

# 2

# AGI가 바꿀 비즈니스 패러다임

그래서 요즘은 가장 핫하게 LLM을 잘 활용한다는 AI 서비스인 goo-ver에게 **"앞으로 AGI는 기업에 어떤 영향을 미칠까?"** 질문을 해 보았다.

**Q 앞으로 AGI는 기업에 어떤 영향을 미칠까요?**

**A** AGI(인공지능 일반 지능)는 앞으로 기업에도 큰 변화를 가져올 것으로 예상됩니다. AGI는 단순히 특정 업무를 수행하는 약한 AI를 넘어서, 인간과 유사한 사고 및 의사결정 능력을 갖춘 인공지능으로, 기업의 경영 방식, 업무 효율성, 제품 및 서비스 품질에 지대한 영향을 미칠 것입니다.

**업무 효율성 향상**

AGI가 보편화되면 기업은 기계의 분석 능력과 예측 능력을 통해 의사결정 과정에서 상당한 개선을 기대할 수 있습니다. AGI는 실시간 데이터 분석을 통해 여러 부서 간의 협업을 극대화하고, 업무 흐름을 최적화하여 생산성을 높일 수 있습니다. 예를 들어, 제조업에서는 AGI가 공정의 각 단계를 관리하고 최적화하여 자원 낭비를 줄이고 문제를 사전에 예측하는 데 기여할 수 있습니다.

## 신제품 및 서비스 혁신

AGI를 통해 기존 제품이나 서비스를 혁신하거나 새로운 시장을 창출할 수 있습니다. 기업은 AGI의 창의적인 문제 해결 능력을 활용해 고객의 요구에 맞춘 맞춤형 제품을 개발하고, 이를 기반으로 마케팅 전략을 강화해야 합니다. AGI는 고객의 행동 패턴을 예측하고, 이를 바탕으로 효과적인 캠페인을 계획하는 데 도움을 줄 수 있습니다.

## 비즈니스 모델 혁신

AGI는 기업의 비즈니스 모델 자체를 혁신할 가능성이 큽니다. 기존의 AI가 수행하기 어려운 복잡한 문제를 해결하고 전략적 통찰을 제공하는 AGI는 기업들이 고객 맞춤형 서비스를 제공하는 데 도움을 줄 수 있습니다. 예를 들어, 금융 분야에서는 AGI가 개인 맞춤형 금융 상품을 설계하고 투자 예측을 통해 고객에게 더 나은 서비스를 제공할 수 있게 됩니다.

## 인력 구조의 변화

AGI의 도입은 인력의 구조에도 변화를 가져올 것입니다. 반복적인 업무는 AGI가 대체하게 될 가능성이 높으며, 이는 특정 직종에서 고용 감소를 야기할 수 있습니다. **반면, AGI를 운영하고 관리할 수 있는 고급 기술 인력에 대한 수요는 증가할 것입니다. 프로그래밍, 데이터 분석, AI 윤리에 대한 전문성을 갖춘 인력이 필요해질 것으로 보입니다.**

### 윤리적 고려사항과 사회적 영향

AGI가 기업에 도입될 경우 윤리적 문제 또한 심각한 고려 사항이 됩니다. AGI의 결정이 인간의 판단과 일치하지 않을 경우 발생할 수 있는 갈등이나 법적 논란, 그리고 AI의 투명성과 공정성 문제는 기업이 반드시 해결해야 할 과제가 될 것입니다. 이에 따라 기업은 윤리를 반영한 AI 정책을 수립하고 이를 기반으로 AGI를 운영해야 합니다.

### 산업 간 경계 허물기

AGI는 다양한 산업에서 통합적으로 작용하며 경계를 허물 가능성이 큽니다. 예를 들어, 의료와 금융이 결합하여 환자의 건강을 모니터링하고 맞춤형 보험 상품을 제공하는 시스템을 구축할 수 있습니다. 이처럼 여러 산업을 아우르는 AGI의 활용은 기업에게 새로운 기회를 제공하고, 경쟁력을 크게 향상시킬 것입니다.

**결론적으로, AGI는 앞으로 디지털 세대와 함께 기업의 운영 방식, 경쟁력, 인력 구조 및 윤리적 고려 사항에 큰 영향을 미칠 것으로 예상됩니다.** 기업은 이러한 변화에 대비하고, AGI의 가능성을 최대로 활용하기 위해 체계적인 전략과 준비가 필요합니다. AGI는 단순한 기술 혁신을 넘어, 기업의 장기적인 성장과 지속 가능성을 위한 필수 요소로 자리 잡을 것입니다. 이러한 AGI 시대의 도래는 기업에게는 도전이자 기회가 될 것이므로, 이를 잘 활용하는 기업이 미래의 시장에서 우위를 점할 수 있을 것입니다.

## 플랫폼 경제에서 AI 에이전트 경제로 변화 예상

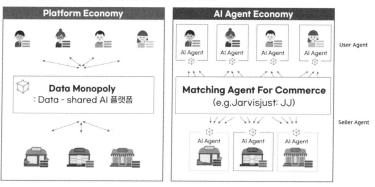

✱ AI Platform : Block 하는 Intermediary 아닌 Assist 하는 Intermediary, Disintermediation 아닌 Remediation

출처: 생성형 AI가 만드는 새로운 시장을 선점하라, 솔트룩스 이경일 대표, 도전과 나눔(24. 11. 27.)

# 3

# ChatGPT 등장 이후 어떤게 '진짜 일' 일까?

AI를 활용해 시장조사를 수행하거나 간단한 리포트 작성을 요청할 수 있는 시대가 도래하였다. 그렇다면 AGI(Artificial General Intelligence)가 만들어낸 일은 '진짜 일'이라고 할 수 있을까? 또는 AGI를 능숙하게 활용하는 사람이 진정한 인재일까? 간단한 요약, 추천, 보고서 작성 같은 작업은 여전히 AI 어시스턴트 수준에 머물러 있다고 평가할 수 있다. 그러나 오늘날 AI LLM(대규모 언어 모델)은 AGI 기반 AI 에이전트로 진화하며, 사용자의 관점에서 자동으로 답변을 생성하는 능력을 갖추게 되었다.

한편, 하드웨어(HW) 분야에서는 로봇이 로봇을 제작하는 기술로 세상을 변화시키고 있으며, 소프트웨어(SW) 분야에서는 생성형 AI 기반의 AGI 에이전트가 시장조사, 분석 문서 작성, 디자인 기획 및 편집, 발표 자료 제작, 동영상 제작, 다국어 번역 및 음성 생성 등 다양한 영역에서 혁신을 주도하고 있다. 이러한 변화 속에서 현재 어떤 일이 '진짜 일'이며, 어떤 일이 '가짜 일'인지 구분하기는 점점 더 어려워지고 있다.

오늘날 단순 반복적인 작업은 로봇과 AI 에이전트에 의해 대체되고 있다. 그렇다면 이런 시대에 진짜 일이란 무엇인가? 그리고 일 잘하는 인재란 누구인가? 어떤 인재를 발탁하고 육성하여 탁월한 리더십과 조직문화를 통해 지속 성장 기업의 핵심 문화를 유지하고 발전시킬 수 있을까?

기업은 각 시장에서 경쟁력을 기반으로 생존하며, 새로운 도전을 통해 시장 우위를 점유하면 큰 성장을 이룰 수 있다. 그러나 VUCA(변동성, 불확실성, 복잡성, 모호성)와 BANI(취약성, 불확실성, 복잡성, 비상성), 그리고 AGI 기술의 시대에서 어떤 리더십과 조직문화를 바탕으로 현재 시장을 지키고 새로운 시장에서 성과를 낼 수 있을지는 여전히 큰 과제로 남아 있다.

**Simple, Speed, Self-Confidence가 중요한 가치로 떠오르고 있다.** 복잡한 세상에서 성공하는 비즈니스 모델은 더욱 정교화되고 개인화되어, 단순히 기능과 품질을 판매하는 것을 넘어 고객 가치와 경험, 그리고 브랜드를 판매하는 방향으로 변화하고 있다. 이에 따라 기업은 전략적 모델에 맞는 리더십을 발굴하고, 조직문화를 개선하며, 파트너십과 커뮤니티를 활성화하여 지속적으로 상품과 서비스를 개선해야 한다. 이는 디지털 AGI 중심의 새로운 방식으로 일하는 문화를 요구한다.

VUCA와 BANI 환경 속에서 디지털 세대를 중심으로 AGI 혁명에 빠르게 적응해야 한다. 여러 실험과 적은 데이터를 기반으로 비즈니스 모델을 검증하고 이를 확장하여 시장을 선점하고 고객 경험 혁신을 이루는 것이 중요해졌다. 이러한 기업에서는 사람 중심의 통찰력 있는 리더십과 디지털 인재 중심의 팀 문화가 필수적이다.

불황 속에서도 디지털 시장과 글로벌 환경에 잘 적응한 기업들은 지속 성장하고 있다. 이들은 젊은 디지털 세대를 채용하여 상품 콘셉트와 디자인을 바꾸고, 디지털 도구를 활용하여 마케팅을 주도하며 성공을 거두고 있다.

AGI 기반의 AI 에이전트와 협력하는 방식은 기업의 성공을 좌우할 수 있다. 이를 경쟁자로 간주할 것인가, 아니면 부사수나 파트너 컨설턴트로 활용할 것인가? 정답은 고객 만족, 동료 만족, 지속 성장, 전략적 모델이라는 네 가지 요소에서 찾을 수 있다. 이는 사람과 환경의 맥락을 이해하고 개인과 조직의 실행력을 결합하는 데 달려 있다.

### 디지털로 인한 일상생활(Daily Life)의 변화

출처: 미래핵심기술 및 DX트렌드, 산단공 박상곤 교수, 한국스마트컨설팅교육원

AI를 효과적으로 활용하는 인재가 많은 기업은 디지털 워크플레이스(Digital Workplace) 환경에서 뛰어난 생산성과 경쟁력을 발휘할 것이다. 이러한 환경에서는 직원들의 활동을 데이터화하고 이를 체계적으로 관리하며 자동화함으로써 반복적인 업무를 줄여야 한다. 또한, 고객 가치를 인지하고 기회를 중심으로 소통하는 데이터 기반 비즈니스 커뮤니케이션 플랫폼(Business Communication Platform)을 효과적으로 활용하는 기업으로 변모해야 지속 가능한 성장을 이룰 수 있다.

기업의 가장 중요한 과제는 사업 모델, 전략적 비즈니스 모델, 시스템, 브랜드가 유기적으로 작동하도록 만드는 것이다. 이 시스템과 모델을 기반으로 신규 고객, 신규 상품, 신규 채널을 성공적으로 구축해 나가는 능력을 갖춘 인재들이 기업의 핵심 성장 동력으로 자리 잡게 된다.

세상은 너무 빠르게 변하고 있다. 이러한 환경에서 시장과 고객의 변화를 빠르게 인지하고 적응하며, 동료들과 즐겁게 몰입해 업무를 수행하고 협업과 팀워크를 발휘할 수 있는 인재들이 지속적으로 성장할 것이다. 각 부서는 회사의 비전에 맞추어 역할과 책임이 다르게 설정되며, 이에 따라 활용하는 AGI 도구 역시 달라진다. 디지털 워크플레이스 도구(DWP)와 비즈니스 커뮤니케이션 플랫폼(BCP)도 사업부의 비즈니스 모델에 따라 고객 가치와 동료 가치를 반영하는 방식으로 활용 목적이 달라질 것이다.

초개인화 시대에 맞는 유연한 업무 문화는 필수적이다. 그러나 이러한 문화는 결국 회사의 전략과 비즈니스 모델이 Vision-BizOpsDev(비전, 비즈니스 운영, 개발)로 유기적으로 연결될 때 지속 가능한 기업으로 성장할 수 있다.

디지털 세대가 정해진 시간 내에 업무를 마치고 퇴근하면서도 탁월한 성과를 낼 수 있게 하려면, 명확한 OKR(Objectives and Key Results) 전략 설정이 중요하다. 특히 고객 서비스를 자동화하고 동료들의 업무 처리를 자동화하여, 지속 성장 기업의 혁신 자산으로 Vision-BizOpsDev를 실현하는 데 기여해야 한다.

HW 로봇과 SW 에이전트가 함께 일하는 환경에서는 초개인화된 고객 만족을 실현하기 위해 리더십이 반드시 발휘되어야 한다. 또한, 사내 인재들의 재능을 초개인화된 방식으로 발휘하도록 지원하며, 이들의 성장이 팀과 사업, 고객에 기여할 수 있도록 단기 및 장기적 활동을 데이터화하고 이를 시스템 자산으로 전환해야 한다. 이를 통해 기업은 지속 가능한 전문성을 확보하며 특정 분야에서 선도 기업으로 자리 잡을 수 있을 것이다.

AGI 에이전트 시대, DWP(Digital Work Place)와 BCP(Business Communication Platform)대해 goover에게 한번 더 물어 보았다.

---

**Q** AGI DWP BCP로 개인 경쟁력 팀워크 경쟁력 비즈니스모델 경쟁력을 높이려면 좀 더 구체적으로 어떻게 해야 하나요?

**A** AGI(범용 인공지능)와 DWP(디지털 작업 공간), BCP(비즈니스 커뮤니케이션 플렛폼)를 활용하여 개인 경쟁력, 팀워크 경쟁력, 비즈니스 모델 경쟁력을 높이는 방법에 대해 깊이 있는 논의를 해보겠습니다. 특히 각 개념의 중요성을 부각시키며, 구체적인 실행 방안도 제안하겠습니다.


1) 개인 경쟁력 강화

AGI와 개인의 전문성 연계

AGI는 개인의 업무를 지원하고 자동화함으로써 그에 따른 전문성을 강화하는 데 많은 기여를 할 수 있습니다. 예를 들어, AGI는 반복적인 업무나 데이터 분석을 신속하게 처리하여 개인이 더 창의적이

---

고 고차원적인 문제 해결에 집중할 수 있도록 합니다. 기업은 직원들에게 AGI 관련 교육을 제공하여 그들이 새로운 기술을 습득하고 AGI를 활용할 수 있도록 도와야 합니다. 특히, AGI가 제공하는 데이터 분석이나 예측 기능을 통해 개인은 더 나은 의사 결정을 할 수 있게 됩니다.

### 디지털 작업 공간의 최적화

DWP는 직원들이 보다 효과적으로 협업하고 커뮤니케이션할 수 있는 환경을 제공합니다. 클라우드 기반의 협업 도구나 프로젝트 관리 애플리케이션을 도입하면, 모든 직원이 실시간으로 정보를 공유하고 피드백을 받을 수 있으며, 이는 개인 경쟁력을 더욱 강화합니다. AGI는 이러한 도구들과 통합되어 자연어 처리 기능을 통해 직원들이 필요로 하는 정보를 쉽게 찾도록 도와줌으로써 업무 효율성을 높일 수 있습니다.

## 2) 팀워크 경쟁력 향상

### 팀원 간 의사소통 강화

BCP의 일환으로 팀원들이 비상 상황에서도 효율적으로 원활한 소통을 유지하도록 하는 것이 중요합니다. AGI를 활용한 비즈니스 커뮤니케이션 플랫폼(Business Communication Platform)은 실시간 메시지,

비디오 회의, 문서 공유 기능을 통해 팀원들이 언제 어디서나 연결될 수 있게 합니다. 예를 들어, 여러 업무가 중첩된 상황에서도 AGI가 자동으로 일정 조정 및 업무 우선순위를 매겨 주어 팀원들이 동시에 여러 프로젝트를 효율적으로 수행할 수 있게 됩니다.

<u>협업 문화 조성</u>

DWP에서 팀워크 경쟁력을 높이기 위해서는 협업과 팀워크를 장려하는 문화가 필요합니다. 하버드 비즈니스 클래식에서 언급된 바와 같이, 고객과의 좋은 관계가 생산성을 높이는 데 기여한다면, 내부 팀 간의 관계 또한 마찬가지입니다. 따라서 팀워크를 증진시키기 위한 워크샵이나 팀 빌딩 활동을 정기적으로 개최하는 것이 중요합니다. 또한, AGI를 활용해 팀원 각자의 성향과 강점을 파악하고 이를 토대로 최적의 팀 구성을 할 수 있습니다.

3) 비즈니스 모델 경쟁력 강화

<u>혁신적인 비즈니스 모델 개발</u>

AGI는 데이터 분석 능력과 예측 능력을 통해 기업이 새로운 비즈니스 모델을 개발하거나 기존 모델을 혁신하는 데 도움을 줄 수 있습니다. 예를 들어, 금융 분야에서는 AGI를 통해 고객의 소비 패턴을 분

석하고, 그에 맞는 맞춤형 금융 상품을 제안할 수 있습니다. 이는 고객의 니즈에 맞춘 혁신적인 서비스를 제공하게 되어 결과적으로 기업의 경쟁력을 높입니다.

## 비즈니스 연속성 계획(Business Continuity Plan)

BCP는 불확실한 상황에서 기업의 운영을 지속할 수 있도록 하는 중요한 요소입니다. 모든 직원들이 AGI를 활용하여 비상 상황에 대한 예측과 대응 계획을 마련할 수 있어야 합니다. 예를 들어, AGI를 통해 시장 트렌드와 외부 리스크를 실시간으로 분석하고, 이에 기반하여 신속하게 비즈니스 전략을 조정하는 것이 가능합니다. 이 과정에서 DWP를 활용하여 비상 전환 계획을 공유하고, 모든 팀원이 일관된 정보를 가지고 운영할 수 있도록 해야 합니다.

이렇게 AGI, DWP, BCP를 적절히 활용하면 개인의 경쟁력, 팀워크 경쟁력, 비즈니스 모델 경쟁력을 총체적으로 강화할 수 있습니다. 기업과 직원들은 변화하는 시장 환경에 유연하게 대응할 수 있는 능력을 갖추게 될 것이며, 이는 결과적으로 지속 가능한 성장으로 이어질 것입니다. 디지털 세대의 특성을 이해하고 이를 사업에 적극적으로 접목시키는 것이 앞으로의 성공적인 경영 전략이 될 것입니다.

# 4
# AI와 함께 일하며 성장하는 조직

AI와 함께 성장하는 조직은 현재의 기술적 변화를 적극적으로 수용하고, 인적 자원과 기술의 조화로운 공존을 통해 지속 가능한 성장을 추구한다. 이들은 AI를 단순한 도구로만 여기지 않고, 새로운 업무 방식을 이해하고 이를 조직문화에 반영하여 발전의 기반으로 삼고자 한다.

### 1) AI가 주도하는 변화

AI 도입은 업무 효율성을 획기적으로 향상시키고 있다. 반복적이고 수작업에 의존하던 업무는 AI를 통해 자동화되며, 데이터 분석과 예측 작업은 사람의 판단을 보완하고 강화하는 방식으로 진행된다. 이러한 변화는 직원들이 보다 창의적이고 전략적인 작업에 집중할 수 있도록 돕는다.

AI가 주도하는 새로운 업무 방식에 적응하려면 문화적 혁신이 필수적이다. AI와 협업하기로 결정한 조직은 직원들이 기존의 업무 방식에서 벗어나 새로운 방식에 열린 자세로 접근할 수 있도록 지원해야 한다.

### 2) 사람 중심의 문화 주도

AI 시대에도 사람 중심의 문화를 구축하는 것은 필수적이다. 이는 구성원이 각자의 역할을 통해 팀에 기여하며, 서로의 성장을 지지하는 환경을 조성하는 것을 의미한다. AI가 제공하는 정보를 바탕으로 데이터 기반 의사결정을 촉진하고, 이를 통해 팀 간 협업을 강화하는 문화는 조직 전체의 성장을 이끌 수 있다.

경영진은 AI의 중요성을 인식하고 이를 적극적으로 지원하며, 모든 직원이 지속적으로 학습할 수 있는 환경을 조성해야 한다. 혁신을 위한 실험과 실패를 두려워하지 않는 문화를 구축하면 구성원들이 새로운 아이디어를 자유롭게 제안하고 실행할 수 있게 된다.

### 3) 신뢰 리더십의 역할

AI 도입이 기업 전반에 미치는 영향을 고려할 때, 신뢰받는 리더십은 필수적이다. 리더는 AI와 사람 간의 협력을 조율하며, 구성원들이 각자의 역량을 최대한 발휘할 수 있는 환경을 만들어야 한다. 팀원들이 자유롭게 아이디어를 공유하고 문제 해결을 위해 협력할 수 있도록 장려해야 한다.

리더는 또한 AI 도구를 활용해 팀의 비전과 목표를 구체화하고, 구성원들이 공감할 수 있는 방향성을 제시해야 한다. 투명한 의사소통과 열린 피드백을 통해 조직 내 신뢰를 구축하며, 직무 만족도와 조직의 결속력을 높이는 역할을 해야 한다.

### 4) 지속적인 학습과 성장

AI의 도입은 단기적인 성과에 그치지 않고, 장기적인 성장 전략으로 이어져야 한다. 조직은 AI 관련 기술 교육 프로그램을 마련하고, 직원들이 AI 활용법을 익혀 실제 업무에 적용할 수 있도록 지원해야 한다. 체계적인 교육과 지원을 통해 구성원들은 자신의 업무에서 AI를 효과적으로 활용하는 능력을 갖추게 되며, 이는 조직의 경쟁력 강화로 이어진다.

### 5) 신제품 개발 및 서비스 혁신

AGI(Artificial General Intelligence)를 통해 기존 제품이나 서비스를 혁신하거나 새로운 시장을 창출할 수 있다. 기업은 AGI의 창의적인 문제 해결 능력을 활용해 고객 요구에 맞춘 맞춤형 제품을 개발하고, 이를 바탕으로 초개인화되고 감성적인 마케팅 전략을 수립할 수 있다. AGI는 고객 행동 패턴을 예측하고, 이를 바탕으로 효과적인 캠페인을 기획하는 데도 기여할 것이다.

AI와 함께 성장하는 조직은 기술과 사람 간의 균형을 맞추고, 사람 중심의 조직문화를 조성하며, 신뢰받는 리더십을 발휘하고, 지속적인 학습과 성장을 통해 나아가야 한다. 이를 위해 기업은 디지털 세대와 협력하고 디지털 리더십을 발휘하며, AGI를 활용해 신제품 개발과 서비스 혁신을 이끌어내는 데이터 기반 의사결정 문화를 만들어야 한다.

또한, 사내 인력을 체계적으로 교육하고 업무 규제를 디지털 지향적으로 개선하며, 혁신을 지원하는 환경을 조성하는 종합적인 전략을 실행해야 한다. 이러한 노력이 뒷받침될 때 기업은 경쟁력을 유지할 뿐만 아니라 더욱 성장할 수 있는 기반을 확보할 수 있다.

AGI 시대는 기업에 도전과 기회를 동시에 제시한다. 이를 잘 활용하는 기업이 미래 시장에서 우위를 점할 것이라는 사실은 자명하다. 그렇다면 AGI 시대의 진정한 '진짜 일'은 무엇인가? 그리고 어떤 인재가 '탁월한 인재'인가?

이 원고는 절반 이상 AGI의 도움을 받아 작성되었고 예문에 약간의 오류도 들어 있다. 결국, 고객과 시장의 미래는 기술과 사람에 대한 깊은 이해를 바탕으로 디지털 시대의 인재들이 이런 오류들을 걸러내서 선택하고 실행하며 살아가야 할 시대적 과제임을 보여주기 위함이다.

# 조직혁신과 성장을 견인하는 촉진자

# 1
# 엄청난 가능성과 잠재력

## AI 시대의 정체성

나는 엄청난 가능성과 잠재력을 가진 내 앞에 서 있다. 이것을 어떻게 개발하고 활용하느냐에 따라 나와 함께하는 세상은 천국이 될 수도, 지옥이 될 수도 있다. 만약 내가 '나'라는 기계의 사용법을 모르는 채 가동한다면, 나뿐만 아니라 함께하는 세상도 참극을 면치 못할 것이다. 그래서 나는 반드시 '나'를 알아야 한다. 거대한 파괴력을 지닌 나의 존재를 온전히 이해하여, 가능성과 잠재력을 세상이 지향하는 방향으로 개발하고 활용하기 위해서이다. '나'를 알고자 하는 이유가 바로 여기에 있다.

AI 시대에 우리는 스스로를 정의하는 일이 그 어느 때보다 중요해지고 있다. 인간으로서 나의 정체성을 명확히 하고 이를 기반으로 삶을 살아가는 것은, 기술 변화의 소용돌이 속에서 나를 지키는 힘이 되기 때문이다. 인간 개체의 시작은 '나'이기에, "Who am I"라는 질문은 스스로를 알고 찾아가는 데 있어 가장 중요한 질문이라 할 수 있다.

얼마 전 대학 모임에서 한 후배가 내게 물었다.

"선배님은 어떤 분이세요?"

이 질문을 받고 나는 내 위치에서 무엇을 중점으로 삼고 사는지 생각해

보았다. 그 결과, 나는 스스로를 세 가지로 정의할 수 있었다. 첫째는 '운동인으로서의 나', 둘째는 '교수자로서의 나', 그리고 셋째는 '농업인으로서의 나'이다. 여기서 각각의 정체성보다 더 중요한 것은 그것을 표현하는 순서다. 내가 '운동인으로서의 나'를 첫 번째로 둔 이유는, 건강이야말로 모든 활동의 근본이 되기 때문이다.

내가 말하는 건강은 단순히 신체적으로 아프지 않은 상태를 의미하지 않는다. 건강은 신체적, 지적·정신적, 사회·감정적, 그리고 영적인 영역을 포함한다(WHO의 건강 정의). 이 네 가지 균형을 이루기 위해 나는 매일 1만 보 이상 걷기 같은 유산소 운동, 팔굽혀펴기 100회 이상의 근력 운동, 10쪽 이상 책 읽기와 글쓰기 같은 지적 활동을 한다. 또한 화(anger)를 적게 내고 주변 사람들과 문자나 이메일을 주고받는 사회적·감정적 활동, 그리고 월 1회 이상 뮤지컬이나 영화를 감상하는 영적 활동도 꾸준히 실천하고 있다.

두 번째, '교수자로서의 나'는 현재 내가 가장 많은 시간과 에너지를 쏟는 정체성이다. 나는 일터대학(WPC: Work Place College)이라는 플랫폼의 경영자로, 총장 역할을 수행하고 있다. 일터대학은 중소기업 내에 대학을 설립해 기업이 필요로 하는 교육훈련을 총괄하는 역할을 한다. 기업 분석(요구/직무/역량)을 통해 교육과정과 이수체계를 설계하고, 운영 및 평가체계를 구축해 최적화된 인재를 개발하는 것이 나의 주요 업무다.

세 번째, '농업인으로서의 나'는 내게 건강한 노동과 땀의 가치를 일깨워주는 정체성이다. 비록 전문적인 농사꾼은 아니지만, 나는 자칭 게으른 농부로서 약 700평의 농장에서 과실나무와 채소를 키우고 있다. 농지원부에 농업인으로 등재되어 있으며, 농업경영체 등록과 지역 농업협

동조합 조합원으로 가입된 '공식 농업인'이다. 농장에서 나는 때때로 농업인의 일상을 흉내 내며 소작의 수확물을 나누는 기쁨을 누리고 있다.

이처럼 나는 건강한 몸과 마음을 유지하며, 교수자와 농업인으로서 생산적인 삶을 살아가고 있다. 나는 내 일을 할 때 가장 즐겁고, 머리가 맑아지며, 시간이 빠르게 지나감을 느낀다. 그래서 내 일을 사랑하고 소중히 여긴다. 나의 정체성은 내가 세상과 어울리고 대화하며 표현하는 수단이기에 그 중요성은 아무리 강조해도 지나치지 않다.

### AI 시대에 던지는 "Who am I"

"Who am I"는 나를 살아가게 하고, 사회의 일원으로서 지속적으로 성장하게 만드는 '알고리즘(algorithm)'에 대한 질문이다. 이는 곧 나의 상상력과 꿈을 도전과 열정의 에너지로 현실 세계에 표현하려는 실천력이 무엇인지 묻는 물음이기도 하다. 나의 알고리즘은 도전, 열정, 관계, 그리고 성과로 이루어져 있으며, 이를 통해 중소기업 구성원들이 '일(working)을 잘하는 사람'으로 성장시키고자 한다. 이는 구성원들의 일 잘함이 조직과 기업 성장의 근간이 되기 때문이다.

중소기업 대표들이 자주 하는 말은 **"일할 사람이 없어요, 바빠요, 쪼들려요"**이다. 이 세 가지 표현은 모두 결국 '사람'에 관한 이야기이다. 이러한 문제를 해결하기 위해 나는 구성원들을 일 잘하는 사람으로 변화시키는 정의와 방법을 모색하고 실행에 옮기고 있다.

일 잘하는 사람이란, 일의 방향을 알고 단위 시간당 많은 업무량을 처리할 수 있는 사람이다. 나는 이 일 잘함의 공식을 N=DEPs로 정의한다.

여기서 D(Direction)는 방향성으로, 미션(mission)과 비전(vision)을 이해하고 무엇을(What), 왜(Why), 언제까지, 얼마만큼, 어떤 수준으로 해야 하는지 아는 것이다. E(Energy)는 일할 힘으로, 이를 위해 적절한 태도를 갖추고, 업무 수행 능력(기능과 기술)을 키우며, 지식을 축적하는 것이 포함된다. 지식은 기술을 개선하고 숙련도를 높이는 힘이 되지만, 지식의 빈약은 기술의 정체와 고집으로 이어질 수 있다. 따라서 지속적인 학습이 중요하다. 그러나 나는 지식보다 실천을 우선시하며, 지식을 가장 후순위에 둔다. 이는 기능과 기술이 지식의 실천을 통해 이뤄지기 때문이다.

**일 잘함**(Naturalization)은 방향(Direction)을 이해하고, 이를 실행하기 위한 에너지(Energy)를 배양하며, 마지막으로 이를 실천(Practice)하는 것을 의미한다. 그러나 실천은 누구에게나 어려운 일이다. 실천의 핵심은 "하면 되고 안 하면 안 된다"는 단순한 진리를 따르며, 사람들에게 '하도록 만드는 것'이 가장 큰 과제이다. 사람들은 본능적으로 편안하고 쉬운 선택을 하려는 경향, 즉 무질서도(Entropy)가 큰 쪽으로 움직이기 때문이다.

이를 해결하기 위해 나는 여러 집단을 대상으로 실험을 진행하며 실천의 최적화 방안을 모색했다. 그 결과 실천을 촉진하는 최적의 방법은 다음과 같다. 첫째, 대상자들에게 일을 하고 싶게 만드는 욕구(Desire)를 일터환경과 조건으로 충족시키는 것이다. 둘째, 분명하고 측정 가능한 목표(Target)를 제시한다. 셋째, 목표가 이루어질 때까지 열정(Enthusiasm)을 유지할 수 있도록 환경과 관심을 제공한다. 넷째, 목표 달성을 위한 학습(Learning)을 지원한다. 마지막으로 이 모든 과정을 습관화(Habituation)하여 지속적으로 이루어지게 한다.

결국, 일을 잘하는 것과 정체성을 찾는 과정은 별개가 아니다. 방향을 이해하고 실행하는 능력과, 나의 강점을 탐색하고 조직과 관계 속에서의 영향을 고민하는 과정은 서로 연결되어 있다. 일을 잘하는 자신의 강점을 조직과 관계 속에서 효과적으로 활용할 줄 아는 사람이다. 단순한 업무 수행이 아니라, 자신의 가치를 발견하고 이를 통해 성장하는 의미 있는 여정이라고 할 수 있다.

# 2

# 나의 길에서 성장

## 신(神)들린 나

**나는 일을 통해 성장해왔다.** 나의 성장 사이클은 '일-학습-평가'로 이어지는 과정이다. 나는 일을 하면서 공부를 병행했고, 매 순간 나의 수준을 객관적으로 평가하려고 노력했다. 내 생애에서 상당 부분은 낮에는 직장에서, 밤에는 대학에서 보내는 생활이었다. 일과 학업을 병행하며, 16년 이상 겸임교수로 재직했고 국가와 공공기관에서 오랜 기간 전문위원으로 활동했다.

이후 대학교수와 대한민국산업현장교수로서 다양한 역할을 수행했다. 국가기관과 공공기관에서는 교육훈련기관 평가, 교육훈련 교재 집필, 국가기술자격 기준 제정, 평가, 출제 및 채점 등을 맡았고, 국토교통부에서는 건설기계심사평가위원으로, 서울시에서는 건축안전 심의위원으로, 경기도에서는 기술 닥터로 활동하며 중소기업의 경영기술지도와 애로기술 해결에 기여했다.

8년 전부터는 기업 내 일터대학을 설립하여 중소기업의 직무와 역량 분석을 기반으로 한 교육훈련 시스템을 개발하고 운영하며 기업과 구성원의 성장에 기여하고 있다. 이 모든 과정은 나를 계속해서 목표를 향해 움직이게 했고, 경험하지 않은 영역에 도전하며 성장의 동력이 되었다.

나는 실천주의자(pregmatism)로, 현실에서 문제를 찾아 이를 해결하기 위해 논리와 이론을 정리해왔다. 꿈이나 상상, 혹은 생각이 떠오를 때마다 이를 메모하고 확장하여 실체화하려고 노력했다. 이러한 시도와 도전은 반드시 이루어진다는 강한 신념을 바탕으로 열정을 쏟아왔다. 여기서 내가 사용하는 열정(enthusiasm)은 단순한 열정(passion)이 아니라, '내 안에 신(神)이 있다'는 뜻을 지닌 단어다.

내가 하기로 결심한 일은 혼신을 다해 수행하며, 신들린 사람처럼 몰두하면 반드시 성취할 수 있다는 확신이 있었다. 이러한 자세로 계획했던 목표를 달성할 수 있었고, 목표를 이룬 후에는 함께한 사람들에게 집단지성을 발휘한 것에 대한 이해와 용서, 그리고 감사로 화답하는 것을 중요한 덕목으로 여겼다.

## 일터대학(WPC: Work Place College) 설립

일터대학은 중소기업의 여건과 요구를 충족하는 최적의 교육훈련 체계를 구축하고, 프로그램을 개발하여 성과를 창출하는 교육훈련 플랫폼이다.

중소기업 대표자 53명을 인터뷰한 결과, 대부분의 응답자는 구성원들에게 교육훈련이 필요하다고 대답했다. 그러나 교육 투자비 없이, 최소한의 집합교육으로 현장에 적합한 내용을 설계하고 실행해 줄 것을 요구했다. 나는 이러한 현실적 조건을 수용하며 다음 네 가지 제한 조건을 충족하는 교육훈련을 설계했다.

- **경제성**: 회사 교육훈련 투자비 제로화
- **시간성**: 집합교육 최소화
- **즉시성**: 교육훈련 후 현장 적용 가능
- **성과 중심**: KPI를 학습 목표와 연계

이를 바탕으로, 나는 해당 기업을 분석하고, 프로그램을 개발하며, 기업 내부 교수진을 양성하여 교육을 진행하고 있다.

일터대학은 '1개 기업, 1개 대학' 설립을 목표로 하며, 성품을 기반으로 역량을 키운다는 원칙 아래 현장 중심의 장인 육성 프로그램을 개발하고 있다. 교육훈련 이수 후에는 역량평가(사내자격)를 통해 학습 내용을 현업에 어떻게 적용하고 있는지 확인하며 운영하고 있다. 이러한 체계는 중소기업과 구성원의 성장을 동시에 이루기 위한 효과적인 방법으로 자리 잡고 있다.


### 조직혁신과 성장 사례(S기업 중심)

S기업의 조직 혁신과 성장 사례는 일터대학 설립을 기반으로 체계적인 교육훈련 체계 구축과 실행을 통해 구체적인 성과를 도출한 사례이다.

첫째, S기업은 2021년 일터대학 설립 후 기업 분석을 통해 기업의 현황, 요구, 직무, 역량 등을 파악하고, 이를 기반으로 현재 상황과 운영 방향성을 설정하였다.

둘째, 기업 분석 자료를 바탕으로 교육훈련체계, 운영체계, 이수체계, 평가체계 등을 포함한 교육훈련 설계 및 시스템(System)을 개발하였다.

이 과정에서 교육훈련의 실효성을 높이기 위한 체계적인 접근이 이루어 졌다.

셋째, 교육훈련 체계에 우선순위를 정하여, 신입사원과정, 재직자과 정, 사내교수자과정 등 계층별, 역량별 맞춤형 교육훈련 과정을 개발하 였다. 교육 과정은 2시간 단기 과정부터 900시간(1년) 장기 과정까지 다 양하게 설계되었으며, 이를 통해 구성원의 역량 개발을 체계적으로 지원 하고 있다.

넷째, 과정 이수 후에는 교육훈련 평가 체계 4단계(만족도 평가, 내용 이해 평 가, 현장 적용 평가, 성과 평가) 중 현재는 2단계 평가를 실시하여 교육훈련의 효 과성을 점검하고 있다.

다섯째, S기업은 교육훈련 평가와 더불어 성과평가와 역량평가를 추가 로 실시하였다. 성과평가는 연 2회, KPI 기반으로 정량적 평가를 실시하 여 고과에 반영하였으며, 역량평가는 6개 직무에 대해 5단계 수준으로 설계된 사내 자격 과정을 통해 실시되었다. 이 과정은 한국산업인력공단 의 기준에 따라 적격판정을 받은 공인된 자격 과정으로 운영되며, 성과평 가와 합산하여 인사에 반영되고 있다.

여섯째, 공통역량과 리더십 역량은 일터대학이 주관하여 운영하고, 직 무역량은 해당 부서가 프로그램 설계와 운영을 담당하며, 일터대학은 프 로그램 개발과 사후관리를 맡아 부서 간 협업 체계를 강화하였다.

마지막으로, 교육훈련에서 소외될 가능성이 있는 야간근로자, 영업담 당자, 물류 담당자 등을 위해 스마트 러닝(Smart Learning)을 외부 기관과 협력하여 개발하였다. 이를 통해 S기업 구성원은 시간과 장소의 제약 없 이 필수과정과 선택과정을 수강할 수 있게 되었으며, 운영 2년 만에 110

명 이상의 수강자를 기록하였고, 수강자 만족도는 5점 만점에 4.9로 높은 평가를 받았다.

S기업의 사례는 체계적인 교육훈련 시스템 구축과 실행, 평가를 통해 조직 구성원의 역량을 강화하고, 이를 성과와 연계하여 조직의 성장을 이끈 성공적인 조직 혁신 사례로 볼 수 있다.

# 3
# 일터(work place)와 일(working)

## 일터

일과 일터는 개념적으로는 서로 다른 개체적 의미를 가지고 있지만, 현상적으로는 한 쌍(pair)의 단어로 이해할 수 있다. 즉, 목적을 가지고 활동하는 것이 '일'이며, 그 일을 수행하는 공간이 '일터'이다. 일터는 계획, 구상, 상상과 같은 정신세계를 현실 세계에 객관화시키는 실천(practice)의 장소이다.

일터 환경은 작업자들에게 끊임없이 압력을 가하며, 이러한 압력은 조건 변화와 상관없이 지속적으로 작용한다. 일터 환경적 요구(workplace environmental needs)는 다차원성(multidimensionality), 동시성(simultaneity), 예측 불가성(unpredictability), 즉시성(immediacy), 적시성(timely), 공개성(publicness), 역사성(history)으로 구성된다고 주장된다(Jackson, 1968; Doyle, 1986).

각 특성은 다음과 같다.
- **다차원성:** 일터에는 수많은 사건과 임무가 공존한다.
- **동시성:** 다양한 업무가 동시에 진행되는 특징을 가진다.
- **즉시성:** 일터에서는 즉각적으로 해결해야 하는 상황이 자주 발생한다. 또한,

일터는 시간적 제약 속에서 운영되며, 시간은 제품의 방향성, 품질, 제조 방법, 경제성, 고객 신뢰와 같은 요소와 밀접하게 연결된다.

- **예측 불가성:** 일터에서의 사건은 장애 요소가 많아 예상대로 흘러가지 않는 경우가 빈번하다.
- **공개성:** 일터는 공개된 공간으로, 선배나 멘토의 지도와 조언이 후배나 멘티들에게 공개된다.
- **역사성:** 일터에서는 조직이 일을 수행하며 공통된 경험, 일상, 규범 등이 시간이 지나면서 축적된다.

실천(practice)은 지식과 기술을 표현하는 형식지(explicit knowledge)로, 이는 성과와 직결되는 중요한 덕목이다. 따라서 일량은 역량과 실천의 곱으로 계산되며, 움직임(실천)이 없으면 일량은 0이 된다. 열정과 학습의 개입(intervention)은 기술의 소멸을 방지하고, 이를 진화, 창조, 재창조로 이어가게 한다.


## 일
....
'일'이라는 주제는 **"일이란 무엇인가?"**, **"왜 일을 해야 하는가?"**, **"어떻게 일을 하는가?"**라는 질문에서 시작한다. 나는 일을 철학적, 사회학적 측면에서 정의하고자 한다.

일(作業)은 마음속에서 계획한 것을 육체를 통해 구체화하는 행위로, 그 근원은 마음에 있다. 따라서 우리는 일을 통해 이루는 성취도와 그 일을 수행하는 사람, 그리고 그 일을 행하는 의미와 앎을 더욱 중요하게 여겨야 한다. 일은 단순히 수단적인 의미를 넘어서, 삶의 본원적 문제를 해결하고 방법을 모색하는 데 철학적 사고가 필요하다.

일은 고통이 수반되는 노동이자, 대가를 받기 위해 수행하는 활동을 의미한다. 또한, 사회적 기능에 초점을 맞추면 다른 사람을 위해 가치 있는 무언가를 창출하거나, 사회적으로 수용된 욕구를 충족시키는 활동으로 정의할 수 있다. 일은 인간이라면 누구나 경험하는 것으로, 좋아서 하는 사람도 있고, 마지못해하는 사람도 있지만, 이를 피해 살 수는 없다. 결국, 인간은 일을 통해 존재감을 확인하고, 정체성을 표현하며, 세상에 흔적을 남기고자 한다.

일의 사전적 정의는 "업(業)으로 삼고 하는 모든 노동 또는 벌이"(민중 국어사전, 2009)로 설명된다. 본질적으로 일은 수고가 수반되는 노동으로 인식되지만, 그 역할은 자아와 공동체를 유지하며 쾌락과 행복을 추구하도록 한다. 또한, 일터 경험자들에게 필요성과 동기를 제공한다. 이러한 이유로 일터 구성원들은 일에 가치를 부여하며, 이를 통해 지속적인 성장을 이루고자 한다.

자율성이 없는 일은 고통으로 인식되지만, 시도(trying)와 호기심, 그리고 일과의 일체감을 통해 일은 자신과 동일시된다. 이로 인해 사람들은 일과 삶, 학습이 자연스럽게 한 공간에서 연결되는 유기적 과정을 경험하게 된다.

Steers와 Porter(1991)는 일을 다음과 같은 네 가지 역할로 정의했다:

- **교환**(exchange)**의 역할:** 개인이 자신의 기술, 지식, 노동을 제공한 대가로 보상을 받는 과정이다.

- **사회적 접촉**(social contact)**의 역할**: 일을 통해 타인과 상호작용하고 관계를 형성하는 역할을 한다.
- **지위**(status) **또는 위치**(position)**의 역할**: 일은 목표지향적인 수단으로, 그 성질과 수준에 따라 사회적 지위와 위치를 부여한다.
- **개인적 의미**(personal meaning)**의 역할**: 일은 정체성, 자존감, 자기실현, 자기 이행의 잠재적 출처로 작용한다.

일터 구성원들에게 일은 경제적 수단을 넘어 사회적, 심리적 역할을 수행한다. 이를 통해 규칙적인 생활 습관을 형성하며 건강한 삶을 지속하게 하고, 사회적 활동의 확장을 촉진하며, 지위와 정체성을 갖게 한다. 더불어 자아실현을 통해 심리적 안정감을 제공한다.

결국, 일에 대한 개인의 욕구와 가치에 따라 어디에 비중을 두는지는 달라진다. 이는 각자가 추구하는 삶의 방향과 목표에 따라 다르게 나타난다.


### 경험의 성장(growth of experience)

**경험이란** 개인이 직접 겪거나 관찰한 사건, 활동, 또는 과정을 통해 얻는 지식, 기술, 감정, 또는 통찰을 의미하며, 이는 주로 시간의 흐름 속에서 개인의 체험으로 형성되는 것이다. 경험은 '실제로 겪는 일'로 구분되며, 크게 스스로 행하거나 시도함(doing, trying)을 통해 얻는 경험과 개인의 의도와 관계없이 외부 상황이나 조건에 의해 당하거나(suffering), 또는 외부의 조건이나 문화적 환경으로 인해 의무적으로 해야 하는 경험(undergoing)으로 나뉜다. 이 두 가지 유형의 경험은 비중의 차이가 있더라도 모두 인간의 삶에서 필수불가결한 요소이며, 경험은 정지된 상태가 아니라 지속적으로 양적, 질적으로 재구성되고 재조직되면서 성장을 촉진한다.

개인과 조직의 관점에서 경험은 변화를 이끄는 노력의 신호이자 도전이며, 동시에 이해와 통제를 요구하는 영구적 실재의 특징을 지닌다. 이러한 경험의 성장은 크게 경험의 상호작용(Interaction)과 경험의 연속성(Continuity) 두 가지 주요 측면에서 이루어진다.

**경험의 상호작용**(Interaction)은 개인과 환경이 서로 영향을 주고받는 과정에서 형성되며, 과거 경험과 현재 환경이 결합하여 새로운 학습과 통찰을 만들어낸다. 이 상호작용은 연속성을 가지며, 종적(시간적) 및 횡적(공간적)으로 서로 부딪히고 결합하면서 성장한다. 이는 인간과 환경 사이에서 발생하는 공간적 상호작용을 통해 경험이 확장되는 과정을 의미한다.

**경험의 연속성**(Continuity)은 경험이 단절된 사건이 아니라 과거와 현재가 연결되고, 현재 경험이 미래를 준비하는 데 기여하는 시간적 연속성을 지닌다. 이는 습관에 기반하여 앞선 경험이 뒤따르는 경험에 영향을 미치며, 점진적이고 누적적으로 성장하는 과정을 포함한다. 그러나 경험의 성장이 멈추거나 고착화(fixation)된 경우, 개인은 증거 없는 자기 주장과 고집이 강화되어 타인과의 대화가 단절되는 결과를 초래할 수 있다.

경험은 개인과 환경의 상호작용과 시간적 연속성을 통해 끊임없이 성장하며, 이를 통해 인간은 더 깊은 통찰과 넓은 이해를 얻게 되는 것이다.

# 4

# 나와 AI의 협업

## 모던 러닝(Modern Learning)의 실천

AI와의 협업은 새로운 도전이자 경험이며, 더 나아가 또 다른 사회와의 접촉을 통해 이루어지는 재사회화(resocialization) 과정이다. 조직 구성원의 학습 형식과 방법 역시 과거의 경험을 토대로 최적화가 필요하다. 이는 급변하는 디지털 시대와 비즈니스 환경에 맞춰 학습과 교육 방식을 혁신적으로 설계하고 실행해야 할 필요성에서 비롯된다. 이러한 환경에서 나는 기술과 데이터를 활용해 개인화되고 유연하며 지속 가능한 학습 경험을 제공하는 모던 러닝을 실천하고 있다.

모던 러닝의 주요 특징은 다음과 같다.

- 개인화된 학습(Personalized Learning)

  학습자의 필요, 관심사, 목표에 따라 학습 내용을 맞춤 설계하고, AI 기술을 활용해 학습 데이터와 피드백을 기반으로 맞춤형 학습 경로를 제공한다.

- 디지털 및 기술 중심 학습(Technology-Enhanced Learning)

  인공지능(AI), 가상현실(VR), 증강현실(AR), 챗봇 등의 기술을 사용하여 학습 경험을 강화하며, 모바일 학습(Mobile-Learning)과 같은 디지털 플랫폼을 활용해 언제 어디서나 학습이 가능하도록 한다.

- 협업 및 네트워킹 학습(Collaborative Learning)

  팀 기반 학습과 동료 간 지식 공유를 통해 실시간 문제 해결 능력을 배양하며, 소셜 네트워크와 커뮤니티 플랫폼을 활용하여 학습 환경을 확장한다.

- 평생 지속 가능하고 적응적인 학습(Lifelong & Adaptive Learning)

  한 번으로 끝나는 학습이 아니라 평생 지속적으로 배우고 성장하는 것을 목표로 한다.

- 실용적이고 즉각적인 학습(Just-In-Time Learning)

  필요할 때 즉시 접근 가능한 지식과 기술을 제공하여 학습의 효율성을 극대화한다. 학습 모듈을 최소화하는 한입 크기 학습(one bite learning)등을 실행하고 있다.

- 다양성과 포용성 학습(Diversity and Inclusivity Learning)

  다양한 배경과 문화적 차이를 존중하며, 이를 학습 콘텐츠에 반영하여 누구나 참여할 수 있는 환경을 조성한다.

- 결과 중심의 학습(Outcome-Oriented Learning)

  학습 목표와 실제 성과 간의 연계를 중점으로 설계하여 실질적 성과를 도출한다.


이와 같은 학습 형식을 AI와 접목함으로써, 구성원들은 기술, 산업, 사회 변화에 맞춰 새로운 지식을 습득하고 이를 활용하여 변화에 빠르게 적응할 수 있다. 모던 러닝은 구성원들의 학습 경험을 극대화하며, 교수자들에게도 강력히 추천할 수 있는 학습 형식이라 생각한다.

## DEI&B

기업은 합리적인 방법으로 이익을 창출하는 경영 집단이다. 중요한 점은 이러한 이익 창출의 중심에는 사람이 있다는 사실이다. 기업에 소속된 사람들은 성별, 국적, 나이, 성장 과정, 환경, 지식 및 기술 수준 등 다양한 차이를 가진 집단으로, 각자의 직무에 따라 협력하여 공동의 목표를 이루기 위해 모인다. 이들이 기업의 미션(mission), 비전(vision), 가치(values)를 공유하고, 한 방향으로 나아가 경쟁력 있는 성과를 창출하려면 DEI&B(Diversity, Equity, Inclusion & Belonging)를 보장해야 한다. 이는 AI 시대에서 선택이 아닌, 기업이 생존 가능성을 갖추고 지속적 경쟁력을 유지하기 위한 필수조건이므로, 반드시 실천해야 할 과제로 여겨, 일터대학에서는 프로그램 설계에서 운영에 이 내용을 포함한다.

첫째, 다양성(Diversity)

다양성은 조직 구성원들의 성별, 국적, 배경, 환경, 종교, 나이, 문화, 장애 여부, 교육 수준, 사회경제적 지위 등 다양한 차이를 인정하고 존중하며, 차별 없이 대우하는 것을 의미한다. 이를 통해 조직 구성원들은 서로의 차이를 수용하며 협력하여 변화와 혁신, 경쟁, 성과를 이룬다. 이는 기업 고유의 가치를 발현하고, 생산성과 창의적 문화를 만들어내는 첫걸음이다.

둘째, 형평성(Equity)

형평성은 구성원 모두가 조직 내에서 공정한 기회와 자원을 얻을 수 있도록 상황에 맞게 지원하는 것을 뜻한다. 이는 단순히 모든 사람에게 같은 지원을 제공하는 평등(equality)과 다르다. 각자의 필요와 여건을 고려하여 맞춤형 지원을 제공함으로써 공평한 결과를 만들기 위해 노력한다. 개인마다 출발점과 필요가 다를 수 있음을 인정하고, 각 구성원이 필요에 따라 적합한 지원을 받을 수 있도록 하는 것이다.

### 셋째, 포용성(Inclusion)

포용성은 다양한 배경, 신념, 정체성, 능력을 가진 사람들이 배제되지 않고 존중받으며, 공동체나 조직의 일원으로 인정받는 상태를 의미한다. 이는 차이를 인정하고, 모든 사람이 공정한 기회와 자원을 누릴 수 있는 환경을 조성하는 것을 포함한다. 포용성은 심리적 안전감을 제공하며, 개인, 조직, 사회가 함께 성장할 수 있는 기반이자 핵심적 가치이다.

### 넷째, 소속감(Belonging)

소속감은 개인이 특정 조직이나 공동체에 속해 있다고 느끼는 감정을 의미한다. 이는 개인이 집단 내에서 존재 가치를 인정받고, 자신의 생각과 행동, 정체성이 존중받는 상태와 밀접하게 연결된다. 소속감이 높은 구성원은 서로 간의 신뢰와 유대감을 형성하고, 의견 차이가 있더라도 비판받을 걱정 없이 자유롭게 표현할 수 있는 심리적 안정감을 느낀다.

AI 시대에서 DEI&B가 중요한 이유는 다양성을 갖춘 팀은 혁신과 창의성을 촉진하며, 포용적인 환경은 제한된 자원으로도 더 나은 결과를 도출한다. 형평성을 통해 조직 내 불평등과 갈등을 줄이고, 협업을 강화할 수 있다. 또한, 형평성과 포용성은 인재 유치와 이직률 감소에 기여한다.

소속감이 높은 직원은 업무에 더 몰입하여 성과와 생산성을 높이며, 이는 브랜드 가치를 향상시키고 소비자 신뢰를 얻어 글로벌 시장에서의 경쟁력을 강화하는 데 기여한다.

따라서 DEI&B는 AI 시대에서 기업의 지속 가능성과 경쟁력을 확보하기 위한 필수적 요소로, 기업이 반드시 중요하게 다루어야 할 실천 과제이다.

Who am I

# 게임 체인저

Who am I

**최규철**

# 선택의 중요성

## 변화의 중심에서 나를 재정의

# 1
# AI 시대, 나는 누구인가?

요즘 우리는 인공지능이라는 거대한 파도가 휩쓸고 지나가는 시대의 중심에 서 있다. ChatGPT가 등장한 이후 세상은 더욱 빠르게 변화하고, 인공지능은 우리의 일상에 깊이 스며들어 삶의 방식을 바꾸고 있다. 이러한 격변의 시대에서 "나는 누구인가?"라는 질문은 그 어느 때보다도 중요한 화두로 떠오르고 있다.

아침마다 알람 소리에 눈을 뜨고, AI가 추천하는 뉴스를 읽으며 하루를 시작한다. AI 도구와 대화하며 일정을 계획하고, AI가 선별해준 음악을 들으며 때로는 추천받은 영화를 본다. 이렇게 일상이 AI에 깊이 의존하는 지금, 나는 진정 누구이며, 나의 진정한 취향은 무엇인지 되묻게 된다. AI가 제시하는 선택지 속에서 나만의 고유한 정체성은 어디에 있는가?

인공지능이 인간의 능력을 뛰어넘는 영역이 늘어날수록, "인간다움"이란 무엇인지에 대한 질문은 더욱 절실해진다. AI는 빠른 계산과 정교한 분석을 수행할 수 있지만, 인간은 복잡한 감정을 느끼고, 공감하며, 창의적인 상상을 할 수 있다는 점에서 특별하다고 믿고 싶다. 아니, 사실은 이러한 믿음이 깨지지 않기를 바라는 마음이 더 크다.

AI 시대에 '나'라는 존재는 더 이상 단일하고 고정된 것이 아니다. 우리는 디지털 세계와 현실 세계를 넘나들며 다양한 정체성을 가진다. SNS 에서의 나, 직장에서의 나, 가정에서의 나는 각각 다른 모습을 하고 있다. 이를 보며 마치 영화 더 이퀄라이저(The Equalizer) 속 로버트 맥콜(덴젤 워싱턴 역)이 떠오른다. 그는 낮에는 건축자재 마트의 직원으로 일하지만, 밤에는 정의를 구현하기 위해 범죄를 응징하는 이중적인 삶을 살아간다.

내 경우에도 조직에서 진행한 성격 진단 결과를 보면, 다른 사람들이 보는 나와 내가 스스로 인식하는 모습 사이에 차이가 있었다. 같은 조직 안에서도 아태지역 외국인 직원들이 나를 유머러스하다고 평가한 반면, 한국인 직원들은 나를 엄격하다고 여겼다. 이렇듯 다중적인 정체성 속에서 **'진정한 나'를 찾는 일은 점점 더 어려워지고 있다.**

그럼에도 불구하고, AI 기술의 발전은 새로운 가능성을 열어준다. 우리는 AI의 도움으로 보다 정확한 결정을 내리고, 업무 효율을 높이며, 새로운 경험을 탐색할 수 있게 되었다. 중요한 것은 이러한 기술을 활용하여 나의 본질적인 가치와 목표를 실현하는 방법을 모색하는 것이다.

AI 시대에 '나'를 찾아가는 여정은 인간다움의 본질을 재발견하는 과정이다. 우리는 AI와 다르게 실수를 하고, 감정적으로 흔들리며, 때로는 비합리적인 선택을 한다. 하지만 이러한 불완전함이야말로 인간다운 특성이며, 우리를 특별하게 만드는 요소이다. 나는 AI와 공존하면서도 내 안의 인간다움을 잃지 않으려 노력한다. 타인과의 진정한 교감, 예술에서 느끼는 감동, 그리고 여행을 통해 자연과 만나는 순간들은 나에게 순수하게 인간적인 경험으로 남는다. 이러한 경험들은 나를 더욱 나답게 만들어준다.

AI 시대에 "나는 누구인가?"라는 질문은 앞으로도 계속 이어질 것이다.

중요한 것은 이 질문을 멈추지 않고, 그 답을 찾아가는 여정을 지속하는 것이다. 이는 마치 수행자가 진정한 자신을 찾아가는 과정과도 같다. 특히 학교에서 도덕 시간이 사라진 오늘날, 인간다움에 대해 스스로 묻는 일은 더욱 중요하다. AI 기술이 발전할수록 우리는 더욱 깊이 성찰하고, 인간다운 가치를 추구하며 살아가야 한다.

대학 시절 영문과 학회지에 기고했던 칼럼이 떠오른다. 나는 유신론자 볼트만의 실존주의 철학을 인용하며, 인간이 본래의 모습에서 전락했으니 원래의 모습으로 돌아가야 한다고 썼다. 당시 박사과정 조교 선배가 와서 무슨 말인지 설명해달라고 했던 기억이 새롭다. 솔직히 말해, 그 시절에 내가 그 철학을 제대로 이해했는지는 의문이다. 하지만 지금 AI와 공존하는 시대를 살며, 기술의 편리함 속에서도 인간다움을 잃지 않으려 노력하는 내 모습은 그때의 고민과 맞닿아 있다.

**AI 시대를 살아가면서도 나다움을 잃지 않는 것, 그것이야말로 이 시대를 살아가는 데 가장 중요한 과제라고 믿는다.**

# 2
# 창문을 열리고 닫힌다

　추우면 창문을 닫고, 따뜻하면 창문을 연다. 이는 자연의 이치이다. 누군가의 마음이 겨울이라 해서 내가 굳이 그에 맞추어 겨울처럼 살 필요는 없다. 공감은 필요하지만, 인생 대부분을 겨울처럼 지낸다면 그것 또한 모진 삶일 것이다. 봄이 오고 계절이 바뀌듯, 인생도 세월의 변화에 따라 다양한 옷으로 갈아입는다. 돌이켜보면, 무엇을 위해 그렇게 악착같이 살아왔을까라는 의문이 생긴다. 아마도 남들에게 뒤처지는 나 자신이 두려웠기 때문일 것이다.

　아침부터 누군가에게 격려받는 삶과 잔소리를 듣는 일상이 있다면, 누가 더 행복할까? 굳이 비교하지 않아도 답은 명확하다. 어릴 적부터 칭찬과 인정에 목말라 있었던 것 같다. 그래서인지 조직 생활에서도 인정받고 싶은 욕구가 강했다. 인정받으면 기뻤고, 인정받지 못하면 민감하게 반응했다. 그러다 보니 구성원들에게 상대적으로 더 엄격한 잣대를 들이댔다. 돌아보면 나와 함께 일했던 사람들은 힘들었을 것이다. 그러나 다시 그 상황에 놓인다면 내 스타일을 바꿀 수 있을지 장담하기 어렵다. 조금 더 경청하고 격려했을 수는 있겠지만, 큰 변화는 없었을 것이다.

　최근 버크만 성격 진단 디브리핑 세션을 두 번 진행했다. 같은 아파트에 사는 독서 동호회 회원들과 함께였는데, 직장인도 있고 곧 퇴직을 앞둔 사람, 전업주부도 있었다. 이들의 공통점은 자신이 무엇을 좋아하고, 무엇을 잘하는지를 알고 싶어 한다는 점이었다. 특히 기억에 남는 한 분은 두 아이의 엄마로, 새로운 시작을 막연히 갈망하면서도 무엇을 해야 할지 몰라 이 세션을 기다려 왔다고 했다. 시어머니와 남편은 두 아이 곁에 엄마가 꼭 있어야 한다며 새롭게 일을 시작하는 것을 반대한다고 했다. 그분은 자신에게 너무 관심이 없다고 느껴 독자적인 길을 꼭 찾고 싶다고 말했다.

그 이야기를 들으며, 세 아이의 엄마이자 글로벌 인사 책임자인 분과 나누었던 대화가 떠올랐다. 육아와 커리어를 어떻게 병행했는지 물었을 때, 그분은 아이를 지나치게 밀착 관리하기보다는 독립적으로 키우는 것이 더 좋다고 했다. 이 말을 두 아이의 엄마에게 전했다. 어떤 육아 방식이 정답인지는 나도 알지 못한다. 다만, 선택의 결과일 뿐이다. 지나친 경쟁 사회가 미국 경영자의 육아 방식을 한국에서는 어렵게 만드는 것은 아닐까라는 생각도 들었다. 그분은 내 말을 듣고 뭔가 힌트를 얻은 듯 보였다. 그리고는 대학원에 가서 학업을 다시 시작하겠다고 결심한 눈치였다. 순간, 고요한 가정에 분란의 씨앗을 던진 것은 아닌지 걱정이 되었다. 하지만 디브리핑이 너무 좋았다는 말을 듣고 보람을 느꼈다.

**스스로 자신의 성격을 잘 안다고 생각하는가?** 대부분은 고개를 갸우뚱거린다. 그렇다면 성인이 된 사람의 성격을 고칠 수 있다고 믿는가? 이 질문에는 의견이 갈린다. 이론적으로 성격은 유전적인 요소가 많아 쉽게 바뀌지 않지만, 나타나는 행동은 학습으로 바꿀 수 있다고 배웠다. 농담으로 남자들은 연애할 때 상대의 성격이 나빠도 예쁘면 다 용서된다고 큰소리치곤 한다. 그러나 막상 그렇게 선택한 뒤에는 매운맛을 톡톡히 보게 된다.

조직에서도 능력이 부족한 사람은 태도가 좋다면 데리고 갈 수 있지만, 성격이 나쁜 사람은 큰 골칫거리이다. 특히 그런 사람이 리더로 임명되면 그 밑의 직원들은 줄사표를 내는 일이 다반사다. 더 심각한 문제는 이런 리더들이 자신의 성격에 문제가 있다는 사실을 인식하지 못한다는 것이다. 병식이 없는 환자를 치료하기 어렵듯, 이런 리더도 마찬가지이다. MZ세대는 이런 리더 밑에서는 참지 못하고 즉시 회사를 떠난다. 심지어 이직할 곳을 정하지 않고 사표를 내는 경우도 있다.

버크만 성격 진단을 디브리핑하기 전에 나 자신을 진단해 보았다. 3년 전만 해도 창의적이고 예술적인 특성이 강한 '블루'였는데, 이제는 소통과 설득이 중요한 '그린' 특성으로 바뀌었다. 코치와 강연자로 경력을 쌓으면서 자연스레 에너지를 몰입한 방향이 변했기 때문일 것이다.

낯선 사람을 만나면 마음의 창이 닫히고, 편한 사람을 만나면 열린다. 상대방은 이를 인식하지 못하지만, 나는 느낀다. 그래서인지 새로운 사람을 만나는 것이 어느 순간부터 불편해졌다. AI 도구를 처음 접할 때도 낯설고 어색했지만, 점차 익숙해졌다. AI와 함께 성장하는 방법을 찾고 적응해 나가는 여정은 피할 수 없는 선택이다. 내 마음의 창을 열고 닫는 일을 어떻게 조화롭게 잘 해낼 수 있을까. 결국, 그것은 나의 가치 판단과 선택에 달려 있다.

# 3

# 문제에 집중할까? 사람에 집중할까?

『문제가 아니라 사람에 주목하라』는 코칭 전문가 마샤 레이놀즈 박사의 저서로, 코칭의 본질이 문제 해결이 아니라 사람과의 연결에 있음을 강조하고 있다. 기업에서는 오랜 기간 성과관리 교육을 통해 문제에 집중하라고 가르쳐왔기에, 비즈니스 코칭에서 "문제가 아닌 사람에 집중하라"는 메시지는 다소 혼란스럽게 다가올 수 있다. 이에 AI에게 조언을 구한 결과, AI는 "데이터 기반의 문제 진단과 사람 중심의 실행"이라는 통합적 접근 방식을 제안하였다.

기업에서 성과관리는 문제 해결에 중점을 두고, 코칭은 사람의 성장과 변화를 목표로 한다. 이러한 두 접근법은 서로 상반된 것으로 보일 수 있지만, AI 시대에는 이 두 관점을 통합할 필요성이 점차 커지고 있다. 과거 교육부서장으로 근무하던 시절, 한 팀장이 성과평가 논의 중 한 팀원의 지각 문제를 지적하며 "그 친구는 성실하지 못해"라고 단정하였던 일이 떠오른다. 그러나 바람직한 접근은 먼저 지각의 원인을 파악하고 그 상황을 이해하는 것이다. 행동을 곧바로 개인의 성실성과 연결 짓는 것은 평가의 오류를 초래할 가능성이 크다.

코칭에서는 문제보다는 사람에 주목해야 한다. 구성원의 잘못된 행위를 지적하기보다는 그 행위의 배경과 구성원의 고민을 이해하며, 인식과 사고의 확장을 돕는 것이 코칭의 핵심이다. 이는 관리자가 문제와 사람의 관계를 대립적으로 보는 대신 상호보완적인 관계로 이해할 때 가능하다.

고객서비스 부서와 영업부서 간의 갈등 사례를 살펴보자. 고객 불만이 증가하자 영업부서는 문제 중심적인 접근에 치중하여 불만 건수와 유형을 분석하고 매뉴얼과 프로세스를 정비했다. 영업부서는 이를 기반으로 임원회의에 고객 불만 현황을 보고하였다. 그러나 이 과정에서 고객서비스 팀원들의 스트레스는 방치되었고, 사기가 저하되면서 이직 의도가 증가하는 결과를 초래하였다. 만약 사람 중심적 접근만 고수했다면, 근본적인 고객 불만 해결이 지연되면서 문제가 누적되고 거래 관계가 단절되는 심각한 상황으로 이어질 수도 있었다.

균형 잡힌 접근은 데이터 분석을 통해 고객 불만의 주요 원인을 유형별로 파악하고, 고객서비스 직원들의 현장 경험과 통찰을 반영해 시스템을 개선하는 것이다. 이를 통해 고객 만족도와 직원 만족도가 동시에 향상되는 상승 효과를 얻을 수 있었다. 이 사례는 문제 중심적 접근과 사람 중심적 접근이 조화를 이루어야 함을 보여주는 성공적인 사례이다.

기업에서 목표 달성과 구성원의 성장을 동시에 추구하는 것은 나의 지속적인 관심사였다. 이론적으로 도전적인 목표를 설정할 때, 목표 달성 가능성이 높아진다는 연구 결과는 익히 알려져 있다. 하지만 무엇이 진정한 성장의 원동력인지에 대한 탐구는 여전히 많은 학자의 주요 관심사이다. 최근에 읽은 두려움 없는 조직(The Fearless Organization)에서 에이미 에드먼슨(Amy C. Edmonson) 교수는 성장의 기본 조건으로 심리적 안정감을 강조하였다. 그녀의 연구에 따르면, 심리적 안정감이 높은 팀의 학습 속도는 67% 더 빠르다고 한다. 이는 구글의 아리스토텔레스 프로젝트에서 심리적 안정감을 성공 요인으로 꼽은 결과와도 일맥상통한다.

이와 관련해 과거 직장에서 겪었던 경험이 떠오른다. 당시 대표는 퇴근 시 늘 내 방에 들러 "별일 없죠?"라고 물으며 하루를 마무리했다. 이는 퇴근 전에 혹시라도 문제나 이슈가 있는지 확인하려는 의도였다. 하지만 나는 긴급하거나 중요한 사안이 아니라면 다음 날 보고하는 것이 마음이 편했다. 그래서 늘 "특별한 문제는 없습니다"라는 대답을 반복하곤 했다. 대표는 "결국 사람이 문제를 일으키고, 해결하는 것도 사람이다"라는 말을 자주 했는데, 이는 나 또한 공감하는 부분이다.구성원의 성장은 조직의 성장과 밀접하게 연관되어 있다. 구성원이 성장하면 조직도 성장하고, 조직이 성장하면 구성원도 성장한다. 이는 닭이 먼저냐 달걀이 먼저냐는 논란과 유사한 순환적 관계이다. 하지만 분명한 점은, 다양한 연구 결과가 보여주듯 성장은 개인, 조직, 리더십, 그리고 시스템이라는 복합적인 산출물이라는 것이다. 특히 AI 시대의 리더십에서는 리더가 AI 도구의 필요성을 정확히 인식하고, 적절한 도구를 활용해 업무 생산성을 높이는 것이 중요하다.

사람에 집중할 것인가, 문제에 집중할 것인가라는 질문은 이제 선택의 문제가 아니다. AI의 도움으로 문제 해결 속도를 높이는 동시에, 사람에게 더 많은 시간을 투자하는 것이 현대 리더십의 필수 조건이다. 이러한 통합적 접근은 조직의 성과와 구성원의 성장을 함께 추구하기 위한 새로운 패러다임이라 할 수 있다. 이것이 AI 시대의 리더가 갖춰야 할 본질적인 역량이자 방향성이다.

Who am I

**한정민**

# 게임 체인저의 조건

## AI 시대의 새로운 플레이북

# 1
# 게임 속 플레이어가 될 것인가, 게임 체인저가 될 것인가?

우리는 매일 하나의 게임 속에서 하루를 시작한다. 인생이라는 게임은 일정한 룰과 구조를 가지고 있으며, 각 개인의 환경, 배경, 그리고 처한 상황에 따라 게임의 종류와 조건이 달라진다. 태어나는 순간부터 게임은 시작되며, 살아가는 동안 우리는 플레이어로서 게임에 참여해야 한다. 모든 플레이어는 동일한 규칙을 따르지만, 각자의 목표와 전략, 비전, 행동 방식은 모두 다르다. 어떤 이는 만족스러운 결과를 얻고, 또 어떤 이는 실망스러운 결과에 좌절하기도 한다. 그러나 누구도 게임을 뒤로 돌릴 수 없다. 인생은 유한하기 때문이다. 다만, 앞으로 어떤 게임을 선택할 것인지, 그리고 그 게임의 방식과 규칙을 어떻게 정의할 것인지 선택할 기회는 남아 있다.

나의 인생 게임 역시 변화의 연속이었다. 그러나 그 변화는 주로 내 의지에 따른 것이 아니라 외부의 요인에 의해 결정된 경우가 많았다. 유년 시절과 학창 시절, 나는 사회적 규칙에 따라 공부에 전념했고, 좋은 대학에 입학하기 위해 모든 것을 쏟아부었다. 당시에는 이러한 게임 규칙이 선택이 아니라 필수라고 여겨졌다. 대학 시절 역시 다르지 않았다. 법학과를 전공했으니 사법시험을 준비해야 한다고 믿었고, 학점 관리를 철저히 해야 하며, 자격증을 취득하고 대기업 취업을 목표로 해야 한다는 암묵적인 룰을 따랐다. 이러한 규칙을 따르지 않으면 낙오하거나 실패할 것이라는 두려움이 컸다.

사회생활 역시 마찬가지였다. 나이가 들면 결혼을 하고, 아이를 낳고, 직장에서 인정받기 위해 노력하며 승진과 연봉 인상을 이뤄야 한다는 규칙들이 나를 지배했다. 이러한 룰은 안정감과 성취감을 주었지만, 동시에 나의 가능성을 제한하는 족쇄가 되기도 했다. 정해진 매뉴얼 속에서 목표를 달성하는 데는 익숙했지만, 내 잠재력을 온전히 발휘할 기회는 많지 않았다.

어느 순간 나는 스스로에게 중요한 질문을 던졌다. **"나는 이 게임의 규칙을 따르기만 할 것인가? 아니면 나만의 규칙을 만들어 새로운 길을 열 것인가?"** 이 질문은 내 인생의 전환점이 되었다. 그리고 결단을 내렸다. 안정된 환경을 벗어나 새로운 도전을 시작하기로 한 것이다.


### 익숙한 틀에서 벗어나 새로운 게임으로

나의 새로운 도전은 단순히 기존의 조직을 떠나는 것으로 그치지 않았다. 그것은 내가 새로운 규칙을 만들고, 성공의 기준을 재정의하며, 나 자신을 새롭게 발견하는 여정이었다. 이 과정에서 나는 단순한 플레이어가 아니라 게임 체인저가 되기로 결심했다.

현재 노무법인의 대표로서, 나는 완전히 새로운 환경에서 새로운 게임을 만들어가고 있다. 직장 생활과는 전혀 다른 방식으로 모든 것을 스스로 결정하고 책임지며, 새로운 규칙 속에서 문제를 해결하고 성과를 창출하며 내 가치를 입증하고 있다. 직장에서는 주어진 업무를 수행하고 성과를 평가받는 것이 일반적이었다. 그러나 지금은 그 누구도 내게 일을 지시하지 않는다. 스스로 기회를 만들고, 어떤 일을 할지 결정하며, 과정과 결과를 오롯이 책임진다. 보상 역시 내가 만들어낸 성과에 비례한다.

이러한 새로운 게임의 룰은 익숙하지 않았고, 종종 어렵게 느껴졌다. 리스크 관리, 모든 의사결정의 주체가 되는 부담감, 그리고 그에 따른 책임은 나를 끊임없이 시험했다. 그러나 인생은 리셋되지 않는다. 모든 것을 감수하면서 앞으로 나아갈 뿐이다.

## 게임 체인저로서의 성과와 가능성

지난 2년 동안 나는 부당해고, 부당노동행위, 산재 사건 대행, 임금체불, 노무 리스크 진단, 직장 내 괴롭힘 등 노무사로서 다양한 문제를 해결하며 새로운 규칙 속에서 최대한의 성과를 만들어냈다. 이 과정에서 나는 기존의 문제 해결 방식에만 머물지 않고, 기업과 노동자가 함께 성장할 수 있는 지속 가능한 해결책을 고민했다. 단순한 법적 분쟁을 넘어서 조직의 문화를 개선하고, 근로 환경을 혁신하는 데 초점을 맞추었다.

그 과정에서 기업, 대학생, 청소년, 수험생을 대상으로 강의를 하거나 각종 위원회 활동에 참여하며 업무의 경계를 확장했다. 이는 단순히 새로운 직업을 시작한 것이 아니라, 게임 체인저로서 첫발을 내딛는 과정이었다.

## AI 시대, 새로운 플레이북을 열다

최근 AI라는 거대한 변화의 물결이 나를 다시 시험하고 있다. 이것은 단순히 유행처럼 지나가는 기술이 아니라, 인류와 사회를 근본적으로 변화시킬 가능성을 가진 강력한 흐름이다. AI는 기존의 게임 룰을 새롭게 정의하고 있으며, 이 변화에 적응하고 이를 활용하는 자만이 게임 체인저로 살아남을 수 있을 것이다.

나는 이 변화가 단순히 개인적인 결단의 영역을 넘어, 시대적 흐름에 부합하는 필연적인 선택이라고 믿는다. 게임 체인저로서 나만의 새로운 플레이북을 열고, AI 시대의 도구를 활용해 가능성을 확장하는 여정은 여전히 진행 중이다. 이제 나는 단순한 플레이어가 아닌, 스스로 게임의 규칙을 만들어가는 설계자이자 주인공으로서 내 인생의 게임을 이끌어가고 있다.

# 2

# 도대체 내 앞에
# 무엇이 오고 있는 것인가?

과거에는 하나의 게임이 끝나면 새로운 게임이 시작되는 방식으로 판갈이가 이루어졌다. 그러나 지금 내가 경험하고 있는 변화는 그와 다르다. 현재의 게임에 익숙해지기도 전에, AI라는 대격변의 시대가 새로운 게임으로의 전환을 강하게 요구하고 있다. 이제는 과거처럼 수동적인 플레이어로 남아 있을 수 없다는 절박함이 느껴진다. 생존을 위해 나는 반드시 게임 체인저가 되어야 한다.

게임 체인저란 단순히 새로운 시도를 하는 사람이 아니다. 기존의 판을 흔들고, 새로운 규칙을 만들어내며, 한계를 뛰어넘는 사람이다. 게임 체인저는 안주하지 않는다. 대신 변화의 중심에서 방향을 설정하고 자신만의 방식으로 성공의 길을 개척한다. AI 시대라는 거대한 변화의 초입에 선 나는 설렘과 두려움이 공존하는 새로운 도전에 직면해 있다.

이러한 대격변의 시대를 맞이하며 나는 근본적인 질문을 하지 않을 수 없었다. **"AI는 나에게 어떤 영향을 미칠 것인가?", "내가 활동하는 분야에 어떤 위기를 초래할 것인가?"** 이 질문에 대한 답을 찾기 위해 AI의 본질과 특성을 깊이 들여다보았다. 여러 전문가들과의 소통과 다양한 자료를 통해 AI의 특성을 몇 가지로 정리할 수 있었다.

### 1) 비정형 데이터를 학습하고 처리하는 능력

AI는 텍스트, 이미지, 음성, 영상 등 다양한 형태의 비정형 데이터를 분석하고 학습하는 데 뛰어난 능력을 가지고 있다. 예를 들어, 자연어 처리 기술은 인간 언어의 복잡성을 이해하고 이를 기반으로 번역, 감정 분석, 대화형 시스템 등을 구현하고 있다. 이는 과거의 기술이 해결하지 못했던 문제를 해결하며 새로운 가능성을 열고 있다.

### 2) 지속적으로 진화하는 기술

AI는 단순히 고정된 시스템이 아니라 데이터를 축적하고 이를 학습하여 끊임없이 진화한다. 초기의 자율주행 자동차는 단순한 장애물 회피 기술에 그쳤으나, 현재는 실제 도로 상황에서 복잡한 환경을 이해하고 대처할 수 있을 만큼 발전했다. 이처럼 AI는 기술의 한계를 지속적으로 확장하며, 현재진행형으로 발전하고 있다.

### 3) 다양한 분야에서의 무한한 가능성

의료, 교육, 환경, 엔터테인먼트 등 AI가 혁신을 가져오는 분야는 점점 더 다양해지고 있다. 예컨대, AI 기반 의료 진단 시스템은 환자의 데이터를 분석하여 질병을 조기에 발견하고, 개인화된 학습 시스템은 학생 개개인의 학습 스타일에 맞춘 맞춤형 교육을 제공한다. 이러한 가능성은 인간의 창의력과 결합할 때 더욱 극대화된다.

### 4) 확장성과 연계성

AI는 특정 문제를 해결하는 데 그치지 않고, 다양한 문제에 적용될 수 있는 확장성을 지닌다. 예를 들어, 클라우드 기반 AI 서비스는 기업이 데이터를 분석하고 인사이트를 도출하는 데 효율성을 제공하며, IoT, 클라우드 컴퓨팅, 빅데이터와의 연계를 통해 스마트 시티, 자율주행 자동차, 헬스케어 시스템 같은 복합적 솔루션을 가능하게 한다.

### 5) 창조성과 인간의 동반자 역할

AI는 단순히 데이터를 분석하는 도구가 아니라, 새로운 콘텐츠와 아이디어를 창출하는 능력을 가지고 있다. 예술 작품을 창작하거나 음악을 작곡하는 AI의 사례는 이미 우리 곁에 있으며, 이는 광고, 마케팅, 게임 디자인 등 창의적인 영역에서도 활발히 활용되고 있다. AI는 인간의 창의력을 증폭시키는 동반자로서 새로운 길을 열어가고 있다.

나는 AI의 이러한 특성들을 보며 확신하게 되었다. **"내가 걸어온 길과 앞으로 걸어갈 길은 완전히 다른 세상이 될 것이다."** 프로메테우스가 불을 인간에게 전해준 것처럼, AI라는 기술은 우리에게 주어졌다. 그것이 독이 될지 득이 될지는 우리가 어떻게 활용하느냐에 달려 있다.

AI 시대는 단순히 기술적 변화가 아니라, 인류의 삶과 사회를 근본적으로 바꿀 수 있는 거대한 변화의 시작이다. 우리는 이제까지 경험해보지 못한 속도로 변화가 진행되는 시대를 살고 있으며, 기존의 방식과 사고방식만으로는 더 이상 생존할 수 없는 환경에 직면해 있다. 나는 이 변화 앞에서 단순히 따라가는 수동적인 플레이어로 남을 수 없다. 시대가 요구하는 새로운 역량을 갖추고, 주도적으로 변화를 이끌어야 한다. 나만의 규칙과 전략을 세우고, 변화의 중심에서 새로운 기회를 창출하는 게임 체인저가 되어야 한다.

이 여정은 결코 쉽지 않을 것이다. 변화의 속도가 빠르고, 기존의 질서가 무너지는 과정에서 수많은 불확실성과 도전이 나를 시험할 것이다. 하지만 위기는 곧 기회다. AI 시대의 새로운 도구와 가능성을 활용해 나만의 플레이북을 만들어 가는 도전은 내가 선택해야 할 필연적인 길이다. 익숙한 길이 아닌 미지의 영역으로 나아가는 것은 두려움을 동반하지만, 그 두려움을 설렘으로 바꾸는 것이야말로 진정한 성장의 과정이다.

나는 이제 더 이상 과거의 방식에 얽매이지 않는다. AI는 나에게 단순한 도전이 아니라, 무한한 가능성과 창의성을 실현할 수 있는 기회를 제공하고 있다. 새로운 기술을 배우고, 혁신적인 사고를 받아들이며, 인간의 가치를 더욱 빛나게 할 방법을 탐색해야 한다. 이제 나는 AI와 함께하는 새로운 시대를 맞이하며, 나와 세상을 변화시킬 새로운 게임을 시작하려 한다. 그것은 단순한 생존이 아니라, 의미 있는 혁신과 가치를 창출하는 과정이 될 것이다. 나는 이 도전에 기꺼이 뛰어들 준비가 되어 있다. AI는 나에게 단순한 도전이 아니라, 무한한 가능성과 창의성을 실현할 수 있는 기회라는 것을 알고 있기 때문이다.

# 3

# 이것은 과연 적인가 아군인가?

**"AI는 내 전문 분야에 어떤 위험을 초래할 수 있을까?"**

공인노무사로서 AI가 법률 및 노동 시장에 미칠 영향을 간과할 수 없다. 지금도 AI 기술이 변호사, 세무사 등 다양한 전문가의 역할을 대체하며 일자리를 위협하고 있다는 기사가 끊임없이 생산되고 있다. 이러한 맥락에서 AI가 나에게 적인지, 아군인지 명확히 이해하는 것은 생존을 위해 필수적이다.

## AI가 공인노무사에게 줄 수 있는 위험

### 1) 법률 서비스의 자동화와 효율화

AI는 법률 서비스의 자동화를 가능하게 한다. 예를 들어, AI 기반 문서 작성 도구는 근로계약서, 취업규칙 등 사규 검토 작업을 자동화할 수 있다. 과거 공인노무사의 주요 업무였던 이러한 작업은 이제 AI를 통해 더 저렴하고 빠르게 처리될 수 있다. 기업은 이러한 대안을 선택할 가능성이 높아지고 있으며, 이는 공인노무사의 수익 구조에 직접적인 영향을 미칠 수 있다. 더 나아가, AI 챗봇은 기본적인 노동법 상담까지 제공할 수 있어, 사용자가 공인노무사를 거치지 않고 간단한 문제를 해결할 가능성이 커지고 있다. 실제로 고용노동부에서도 이와 같은 AI 챗봇을 개발하고 있다.

## 2) 전문 지식의 대중화

AI는 전문 지식을 대중화하는 데 기여하고 있다. 과거 공인노무사만이 접근할 수 있었던 노동법 정보가 이제 AI 기반 플랫폼을 통해 누구나 쉽게 접할 수 있게 되었다. 이러한 정보는 블로그, 유튜브 등 기존의 매체와는 달리, 맞춤형으로 고도화되어 제공된다. 이는 공인노무사가 제공하는 기본 서비스의 가치를 약화시키며, 고객이 더 비용 효율적인 AI 서비스를 선택하도록 유도할 가능성이 높다.

## 3) 대규모 데이터 분석 및 예측

AI는 방대한 데이터를 분석하고 예측하는 능력이 뛰어나다. 노동 분쟁 사례 분석, 임금 체계 검토 등 공인노무사의 주요 업무에서 AI는 기존 접근 방식을 혁신할 수 있다. 그러나 공인노무사가 이러한 데이터 분석 역량을 갖추지 못한다면, 시장에서 경쟁력을 잃을 위험이 있다. 더 나아가, AI는 노동 시장 트렌드와 데이터를 빠르게 분석하여 더 나은 인사이트를 제공할 수 있으므로, 공인노무사의 역할이 축소될 가능성이 높다.

## 4) 업무 효율성의 극대화

AI는 빠른 처리 속도와 높은 정확성을 통해 업무 효율성을 극대화한다. 노동위원회에 제출하는 서류 준비, 판례 검색, 법률 검토 등의 업무가 AI로 대체된다면, 공인노무사는 이러한 업무에서 느리고 비효율적인 대안으로 간주될 수 있다. 또한, 기업이 AI를 활용하여 인사 관리와 노동 분쟁 대응을 자동화한다면, 외부 공인노무사에 대한 의존도는 더욱 줄어들 것이다.

AI가 초래할 변화는 분명하다. 과거의 방식으로는 더 이상 생존을 장담할 수 없는 상황이다. 물론 아직은 이러한 우려가 현실화되기 전이며, 기존 체제와 AI 기술이 갈등하며 공존하는 시간이 지속될 것이다. 그러나 변화의 방향은 뚜렷하다. "어디로 갈 수밖에 없는지"에 대한 답은 이미 나와 있다고 생각한다.


## 적인가 아군인가? AI와의 공존 전략

AI는 분명 위협이 될 수 있지만, 동시에 강력한 도구이자 아군이 될 가능성도 있다. AI의 효율성과 확장성을 활용하여 공인노무사로서의 경쟁력을 강화한다면, 위기를 기회로 전환할 수 있다. 예를 들어, AI 기반 도구를 활용해 데이터 분석 역량을 강화하고, 기존의 단순 업무를 자동화하며, 보다 고차원적이고 전략적인 역할에 집중할 수 있다. AI와 인간의 협력을 통해 기존에 제공하지 못했던 부가가치를 창출하는 것도 가능하다.

AI는 단순히 적도, 아군도 아니다. 그것은 어떻게 활용하느냐에 따라 적이 될 수도, 아군이 될 수도 있는 강력한 도구이다. 공인노무사로서의 미래는 AI를 어떻게 내 업무와 결합시키고, 이를 통해 새로운 가능성을 창출하느냐에 달려 있다. 변화는 피할 수 없다. 하지만 나는 이 변화 속에서 AI와 함께 공존하며, 게임 체인저로서 새로운 규칙을 만들어 나가야 한다. AI는 위협이자 동시에 나를 성장시키는 도구가 될 것이다.

# 4
# 나로부터 시작하는
# 새로운 게임의 시작

AI가 가져올 대격변의 시대를 앞두고, 나는 다시 한번 게임의 판을 바꿔야 한다는 강렬한 자각을 느끼고 있다. 기존의 성공 방식에 안주하지 않고 새로운 규칙을 찾고, 그것을 개발하며, 끝없이 도전하는 것이 필요한 시점이다. 그러나 그 시작점은 외부의 변화가 아닌 나 자신으로부터 시작되어야 한다. 바로 지금 내가 "나는 누구인가?"라는 질문을 던지는 이유이기도 하다.

AI는 이미 법률 및 노동 시장의 접근 방식을 근본적으로 바꾸고 있으며, 이는 공인노무사로서 나에게도 새로운 도전과 기회를 동시에 안겨준다. AI는 반복적이고 단순한 업무를 자동화하여 기존 직업의 일부를 대체할 수 있다. 근로계약서 검토, 취업규칙 작성, 기본 노동법 상담 등은 AI 기반 시스템으로 더 빠르게 처리할 수 있다.

하지만 이러한 변화는 인간만이 수행할 수 있는 영역의 가치를 더욱 빛나게 할 것이다. 나는 나만의 고유한 강점과 전문성을 적극 활용함으로써 변화의 중심에서 기회를 만들어내고, 이를 성공의 요인으로 삼을 수 있을 것이라 믿는다. 결국, AI가 변화시키는 세상에서 나를 다시 정의하고, 새롭게 시작해야 하는 것이다.

## 도전을 두려워하지 않는 자세

나는 현실에 안주하기를 거부하며, 도전을 통해 성장해왔다. 어려운 문제를 해결하며 얻는 희열과 성취감은 내 삶의 동력이 되었다. AI 시대는 기존 규칙과 관행을 뒤흔들며 새로운 문제를 끊임없이 제기하고 있다. 하지만 나는 이러한 변화에 적응하고, 새로운 가능성을 탐구하며 창의적인 해결책을 찾아내는 데 주저하지 않을 것이다.

예를 들어, 최근 활발히 언급되고 있는 'AI 기반 인사 관리 시스템'이 도입되더라도, 이로 인해 발생할 노동법적 문제나 윤리적 갈등에 대해 선제적으로 대응할 준비가 되어 있다. HR 시스템의 본질은 결국 사람이 사람의 문제를 다루는 것이다. 이 본질을 잊지 않는다면, 막연한 두려움은 사라지고 오히려 AI와 공존하며 더 나은 해결책을 제시할 수 있을 것이다.

## 탁월한 소통 능력

AI가 데이터 분석과 정보 제공에서 탁월한 성과를 보이더라도, 인간적인 소통과 신뢰 구축의 중요성은 결코 변하지 않을 것이다. 나는 상대방의 입장을 신속히 파악하고, 그들의 요구를 정확히 이해하며 최적의 해결책을 도출하는 능력을 가지고 있다. 이러한 능력은 단순한 대화 기술을 넘어, 신뢰를 기반으로 한 협력과 문제 해결의 출발점이 된다.

특히 노사 관계는 단순한 법적 문제를 넘어 감정적이고 사회적인 맥락이 얽혀 있는 경우가 많다. 나는 복잡한 이해관계 속에서도 효과적으로 소통하며, 상호 이해와 합의를 이끌어내는 데 강점을 발휘해왔다. AI 시대에도 이러한 소통 능력은 새로운 갈등 상황에서 더욱 빛을 발할 것이라 확신한다.

### 분석과 정리 능력

노사 관계와 노동법 문제는 복잡하고 방대한 데이터를 다루는 경우가 많다. 나는 이러한 데이터를 체계적으로 분석하고 정리하는 데 강점을 가지고 있으며, 이를 상대방이 이해하기 쉬운 형태로 전달하는 데 능숙하다. 특히 다자간 협상이 필요한 상황에서는 데이터를 기반으로 설득력 있는 메시지를 전달하는 능력이 갈등을 해결하고 합의를 이끌어내는 데 핵심적인 역할을 한다.

AI는 방대한 데이터를 빠르고 효율적으로 처리하는 데 뛰어난 도구이다. 그러나 데이터에 맥락을 부여하고 인간적인 관점을 통해 해석하며 실질적인 결정을 내리는 일은 여전히 공인노무사가 맡아야 할 중요한 역할이다. 나는 이러한 역할을 충실히 수행하며, 데이터를 바탕으로 명확하고 논리적인 메시지를 고객에게 전달함으로써 신뢰를 제공할 것이다.

### 적극적인 자세와 준비성

나는 누구를 만나든 철저히 준비된 태도로 임하며, 다양한 배경과 입장을 가진 사람들과 효과적으로 소통해왔다. 이러한 준비성과 적극성은 내가 맡은 업무를 신속하고 정확하게 수행할 수 있는 기반이 된다. AI 기술이 발전함에 따라 업무의 속도와 정확성의 중요성이 더욱 커지고 있지만, 인간적인 가치를 완전히 대체할 수는 없다.

AI는 단순히 도구일 뿐, 그것을 효과적으로 활용하고 사람과의 관계 속에서 최적의 결과를 도출하는 것은 결국 인간의 몫이다. 나는 AI의 능력을 활용하면서도, 인간적 소통과 가치를 결합해 더 나은 결과를 만들어내기 위해 끊임없이 고민하고 실천하고 있다.

AI가 가져올 변화를 두려워하기보다는, 이를 새로운 기회로 받아들이는 자세가 필요하다. 나는 이러한 변화 속에서 내가 가진 강점과 가치를 재발견하며, 끊임없이 도전하는 삶을 살아가고자 한다.

분석과 정리 능력, 적극적인 준비성, 그리고 인간적 소통의 결합은 AI 시대에서도 나만의 차별화된 경쟁력을 제공한다. 이것은 단순한 생존 전략을 넘어, 나의 일과 삶에 대해 스스로 답을 찾아가는 여정이다. 변화의 중심에서 나는 AI와 인간적 가치를 결합해 새로운 가능성을 만들어내며, 나와 세상에 긍정적인 영향을 미치는 게임 체인저가 되기를 목표로 한다. AI 시대의 성공은 도구와 인간의 조화로운 협력에서 시작된다.

# 5

# 새로운 게임, AI 시대의 플레이북

AI 시대는 기술적 혁신을 넘어 인간의 삶과 가치를 재정의하는 새로운 장을 열고 있다. **"어떻게 살아갈 것인가?"**, **"어떤 가치를 추구할 것인가?"**, **"나는 누구인가?"**라는 근본적인 질문들은 나를 더 깊은 고민 속으로 이끌었고, 내가 가진 신념과 태도를 다시금 돌아보게 만들었다. 이제 게임의 규칙은 바뀌었다. 그러나 그 속에서 **어떤 플레이어로 남을 것인지**는 나의 선택에 달려 있다.

나는 지금, AI 시대를 위한 나만의 새로운 플레이북을 쓰고 있다. 과거에는 타인이 정해준 규칙을 따랐다면, 이제는 나만의 규칙을 만들어가고 있다. 이 과정은 두려움과 설렘을 동시에 안겨주지만, 변화의 중심에서 나만의 길을 개척하는 것이 나의 목표다. 다음은 내가 설정한 새로운 게임의 규칙과 다짐들이다.

## 문제 해결자가 아닌 창조자로서의 역할

AI는 문제 해결의 강력한 도구를 제공한다. 그러나 나의 목표는 단순히 문제를 해결하는 것에 머무르지 않는다. 문제의 본질을 이해하고, 새로운 가능성을 창출하며, 기존의 한계를 넘어서는 창조적인 접근을 실천하는 것이다.

AI 기술이 노사관계 자문과 인사 관리를 자동화하고, 법률 문서 작성을 효율적으로 처리할 수 있다는 점은 명확하다. 하지만 공인노무사로서 나의 역할은 법률적 조언에 그치지 않는다. 나의 목표는 사람과 조직의 미래를 설계하는 데 있다.

AI가 데이터의 패턴을 분석해 제시한다면, 나는 그 패턴 속에서 인간적인 가치와 윤리적 판단을 더해 새로운 해법을 창조할 것이다. 이는 단순히 데이터를 해석하는 것을 넘어, 사람들의 삶과 조직의 미래를 긍정적으로 변화시키는 해결책을 제시하는 것을 의미한다.

## 끊임없이 배우고 성장하는 자세

AI는 멈추지 않고 진화하고 있다. 따라서 나 또한 멈추지 않고 배우며 성장해야 한다. 기술을 두려워하기보다는 이를 이해하고 활용할 줄 아는 전문가로 자리 잡는 것이 중요하다. 최근 나는 AI 관련 강의와 자료를 꾸준히 탐독하며, 새로운 기술이 내 분야에 어떤 영향을 미칠지 깊이 고민하고 있다. AI 시대의 공인노무사는 단순한 법률 전문가에 그치지 않고, 데이터를 이해하며 이를 기반으로 더 나은 결정을 내리는 데이터 리터러시(Data Literacy)를 갖춘 전문가가 되어야 한다. 이는 새로운 기술을 배우는 것뿐만 아니라, 이를 실제 업무에 창의적으로 적용하는 능력까지 포함한다. 이러한 기술적 이해를 바탕으로, 나의 강점인 인간적 통찰력과 결합하여 고객에게 차별화된 가치를 제공하고자 한다.

## 공감과 신뢰의 중심에 서다

AI가 아무리 정교해지더라도, 인간의 감정을 완벽히 이해하거나 신뢰를 쌓는 데에는 한계가 있다. 특히 노동 문제와 노사 갈등은 법적 논리뿐 아니라 감정과 관계의 복잡한 맥락이 얽혀 있다. 나는 AI가 제공하지 못하는 인간적인 소통과 공감의 가치를 통해 나의 역할을 더욱 강화하고자 한다. 고객이 느끼는 불안과 갈등을 해결하며, 신뢰를 기반으로 한 관계를 만들어가는 것은 AI 시대에도 여전히 중요한 가치이다. 내가 만나는 사람들의 이야기에 귀 기울이고, 그들의 상황과 감정을 깊이 이해하며, 그에 맞는 해결책을 제안하는 것. 이것이 AI 시대에서도 변하지 않을 나의 역할이라고 확신한다.

## 새로운 가능성을 탐구하며 확장하다

AI는 기존의 제약을 넘어 새로운 가능성을 열어준다. 나는 이를 단순히 위협으로 받아들이기보다는 새로운 기회로 활용하고자 한다. 예를 들어, AI 기반의 인사 관리 시스템은 기업의 효율성을 높이는 데 기여할 수 있지만, 동시에 노동자의 권리 보호와 윤리적 문제에 대한 새로운 기준을 요구한다. 나는 이러한 변화 속에서 공인노무사로서의 역할을 재정립하며, AI 시대에 적합한 새로운 서비스를 개발할 계획이다. 노동법 자문을 넘어 조직의 지속 가능한 성장을 돕는 파트너로 자리 잡기 위해, 새로운 도구와 아이디어를 적극적으로 활용하고자 한다.

## 미래를 만들어가는 주체가 되다

AI 시대가 주는 가장 큰 교훈은 미래는 단순히 예측하는 것이 아니라 스스로 만들어가는 것이라는 점이다. 나는 이 시대를 두려워하기보다는, 내가 가진 모든 가능성과 자원을 활용해 미래를 설계하고자 한다. 게임 체인저로서, 나는 AI와의 공존을 넘어 AI와 함께 새로운 시대를 창조할 것이다.


## 앞으로의 여정을 위하여

삶이라는 게임은 리셋할 수 없지만, 언제나 새로운 규칙을 만들 수 있다. 나는 그 규칙을 쓰는 설계자로서, 앞으로도 끊임없이 도전하며 성장할 것이다. AI 시대는 나에게 또 다른 도전이자, 새로운 시작의 기회가 될 것이다. 이제 나는 과거의 게임을 뒤로하고, 미래를 향한 새로운 여정을 시작하려 한다. 이 여정은 단순히 나의 성공을 위한 것이 아니라, 더 나은 세상과 지속 가능한 가치를 창조하기 위한 것이다. AI 시대는 끝이 아니라 또 다른 시작이며, 나는 이 여정을 통해 스스로를, 그리고 내 주변의 세상을 더 나은 방향으로 이끌어갈 것이다.

# 나가며

AI의 발전은 개인과 조직 모두에게 혁신적인 도구와 기회를 제공하며, 산업 전반에 걸쳐 효율성과 생산성을 증대시키고 있다. 그러나 이러한 기술적 도약이 인간의 역할과 가치를 근본적으로 재정의하려는 것은 아니다. 오히려 AI 시대는 인간 고유의 능력을 더욱 깊이 이해하고 확장할 필요성을 제기한다.

AI는 데이터를 기반으로 문제를 해결하고, 의사결정을 지원하며, 우리가 할 수 없었던 방식으로 세상을 연결하는 데 중요한 역할을 하고 있다. 그러나 인간다움이란 단순히 기술적 효율성을 넘어서, 창의성과 공감, 그리고 사회적 책임감을 포함하는 포괄적인 개념이다. AI 시대에서 중요한 것은 기술을 수동적으로 받아들이는 것이 아니라, 기술을 활용해 인간의 본질적 가치를 증폭시키는 것이다.

"나는 누구인가?"라는 질문은 기술 시대에서도 우리의 삶과 정체성을 정의하는 핵심적 질문으로 남아 있다. 이는 단순히 철학적 성찰을 넘어, AI와 함께 살아가는 과정에서 인간다움을 유지하며 진정한 성과를 창출하는 길을 열어준다. AI는 인간다움을 대체할 수 없으나, 인간의 창의성과 가치를 더욱 빛나게 하는 도구로 활용된다.

AI 시대에서 성공은 적응력과 민첩성뿐만 아니라, 인간 고유의 창의적 사고와 윤리적 판단을 통해 이루어진다. 우리는 AI와 협력하며 새로운 문제를 해결하고, 기술과 인간다움의 조화를 통해 더 나은 미래를 설계해야 한다. AI는 단순히 효율성을 높이는 도구가 아니라, 인간의 잠재력을 확장하는 파트너가 되어야 한다.

AI 시대는 기술적 혁신을 통해 인간 고유의 가치를 재발견하고, 이를 통해 더 나은 세상을 만들어갈 기회를 제공하고 있다. AI 시대의 본질적 과제는 기술을 활용해 인간다움을 확장하며, 우리가 누구인지에 대한 질문에 더욱 깊이 있는 답을 찾아가는 데 있다. 생성형 AI는 인간의 동반자로서, 우리가 본질적인 가치를 구현하고 미래를 개척하는 데 핵심적인 역할을 하고 있다.

**AI 시대의 핵심은 기술을 활용해 인간다움을 확장하고
본질적 가치를 실현하는 것이다.**

- ERiC Story